RAUNACHTSSAGEN AUS BAYERN UND TIROL

KARL-HEINZ HUMMEL ist Autor mehrerer Bücher und schreibt seit Jahrzehnten Lied- und Kabaretttexte (für *Kabarest* und Simone Solga) sowie Libretti (Opernfassung *Der Brandner Kaspar* und *Der Kaiser im Rottal*). 2018 wurde er mit dem Ernst-Hoferichter-Preis ausgezeichnet. Zuletzt erschienen von Karl-Heinz Hummel im Allitera Verlag *Obacht Weihnacht!* (2018) und in der Reihe *Sagenumwobenes Bayern* die Bände *Raunachtssagen aus Bayern und Tirol*, *Wassersagen aus Bayern* und *Wirtshaussagen zwischen Alpen und Donau* (2019).

BERND WIEDEMANN illustriert als freiberuflicher Grafiker ausdrucksstark und dynamisch. Der studierte Diplomkommunikationsdesigner ist Dozent für Illustration an diversen Instituten, Vorsitzender des Kunstvereins Gauting e.V. und Günther-Klinge-Preisträger.

KARL-HEINZ HUMMEL

# RAUNACHTSSAGEN
## AUS BAYERN UND TIROL

Mit Illustrationen von Bernd Wiedemann

Allitera Verlag

Informationen über den Verlag und sein Programm unter:
www.allitera.de

Band 1 der Buchreihe

Allitera Verlag
Ein Verlag der Buch&media GmbH, München
© April 2019 Buch&media GmbH, München
Illustration: Bernd Wiedemann
Umschlaggestaltung: Franziska Gumpp
Satz & Layout: Johanna Conrad
Gesetzt aus der Adobe Caslon Pro und der Dax
ISBN: 978-3-96233-136-8
Printed in Europe

Allitera Verlag
Merianstraße 24 · 80637 München
info@allitera.de · www.allitera.de

# INHALT

Hüttenbuch, Zillertal, 21. Dezember 1983 ........ 9
Sagenhaftes zwischen den Jahren .............. 11
*Die Almgeister aus dem Brixental* ................ 14
Geschichten, Figuren und Brauchtum
in den Raunächten ........................... 16
*Raunachtszeit* ............................... 20
21. Dezember – Thomasnacht, Wintersonnwende
oder erste Raunacht .......................... 21
*Die stolze Anna von Schleching* .................. 24
*Von der Magd zur Bäuerin* ..................... 27
*Kleine Geschichten aus der Thomasnacht* .......... 28
    Fragment
*Der Losgang* ................................ 29
*Das Weitwiesenweiberl oder*
*Die Fahrt über den Königsee* .................... 31
*Der Schmied von Rumpelbach*
*mit den absonderlichen drei Wünschen* ........... 34
*Boandlkramers Lied* .......................... 49

Hüttenbuch, Zillertal, 24. Dezember 1983 ........ 52
Heiligabend – Christnacht oder zweite Raunacht ...... 54

**Rezept für ein Kletzenbrot** .................... 58
*Wann's heuer a Kletzenbrot geit* .................. 60
*Von den sprechenden Ochsen und Rössern* .......... 62
*Ungeziefer bannen* ............................. 64
*Die beiden Wildschützen* ....................... 65
*Das Venedigermandl macht die Räuber gfroren* ...... 69
*Das tanzende Geräucherte* ..................... 73
    Worauf man achten muss
*Die Reise nach Betlehem aus Schmugglersicht* ....... 74
*Die drei Schatzgräber* .......................... 79
*Die übergossene Alm* .......................... 84
*Schneewind* .................................. 86
*Weihnachtsbräuche & Regeln* ................... 88

**Hüttenbuch, Zillertal, 31. Dezember 1983** ........ 89
*Silvester – Neujahrsnacht oder dritte Raunacht* ....... 92
*Die Wilde Jagd* ............................... 94
*Der Teufel beim Kartenspiel* ..................... 97
*Die weiße Gams* .............................. 99
*Der Ritter am Rackasee* ........................ 103
*Der Xundheit* ................................ 107
*Bauernregeln zu Silvester* ...................... 110

**Hüttenbuch, Zillertal, 5. Januar 1984** ............ 111
*Perchtnacht – Epiphanis-Nacht oder*
*vierte Raunacht* ............................... 114
*Perchtsagen* ................................... 116
    Die glühenden Kohlen · Das geraubte Kindlein ·
    Vom Flachsspinnen · Die schöne Percht · Das Haar
    des Bauern · Das vergessene Schneidmesser
*Die Heiling Dreikini* ........................... 120
*Der Pistenraupenfahrer* ........................ 121
*Das Kasermandl* ............................... 122
*In de Berg, wo da Wind* ....................... 130

**Hüttenbuch, Zillertal, 6. Januar 1984** ............ 132

# HÜTTENBUCH, ZILLERTAL,
# 21. DEZEMBER 1983

Wir verbringen die Winterfeiertage um 1983 / 84 mit Freunden und Kindern auf einem Bauernhof im Zillertal.
Schief und verzogen steht das alte Haus mitten am Berg. Durch die Spalten zwischen Türen und Türstöcken zieht es kalt, die Fußböden haben sich gesenkt. Der Druck des Hanges hat diesen Hof im Lauf der Jahrhunderte ein Stück den Berg hinunter geschoben. Er ist aus den Fugen geraten und hängt schräg über dem Weg. Seine Holzbalken ächzen, stöhnen und jammern unter den Spannungen. Der Stall ist noch in Gebrauch, steht noch genauso da, wie er vor dreihundert Jahren errichtet worden ist. Das Jungvieh und die trächtigen Kühe sind drinnen in den Barren angebunden, ihr Scharren, Treten, Platschen, Urinieren, ihr Kettenrasseln und Muhen ist durch das ganze Haus zu vernehmen.
Der Altbauer kommt jeden Morgen mit seinem verrosteten VW-Käfer ohne Nummernschilder heraufgefahren, um das Vieh zu versorgen. Neben den Kühen steht in einem Holzverschlag ein alter, schwarzer Geißbock. Sein Gestank übertrumpft mühelos den säuerlichen Dampf der wiederkäuenden Rinder. Wenn der Bergwind ins Tal fällt, drückt er die warme Stallluft in alle Räume unseres Urlaubsdomizils.
Die urige Rauchkuchl[1] ist mit dem Pech und Ruß der Jahrhunderte überzogen, über der offenen Feuerstelle mit ihren guss- und schmiedeeisernen Gerätschaften führt ein Holzkamin übers

---

[1] Rauchkuchl: Bergbauernhäuser verfügten über eine offene Feuerstelle. In Ermangelung eines gemauerten Kamins lag der Rauch unter der Decke und zog über einen hölzernen Kamin ins Freie. So konnten auch Fleisch und Wurst schwarzgeräuchert und damit konserviert werden.

Dach ins Freie. Wenn man den Blick durch seinen Schacht nach oben wendet, kann man die Sterne sehen. Der kalte Rauchgeruch bleibt an den Kleidern haften, wir riechen bald alle wie ein Rankerl Tiroler Speck.

Es ist der 21. Dezember, Wintersonnwende, Thomasnacht. Schneewind pfeift ums Haus, zum Skifahren ist es viel zu ungemütlich und der gemauerte Kachelofen strahlt eine behagliche Wärme aus. Dicke Wollpullover hängen darüber zum Trocknen und verströmen den Duft ihrer Erzeugertiere. Wir nutzen das schlechte Wetter bereitwillig für einen ausgiebigen Schafkopf.

Gegen Abend trete ich aus der Hütte, der Wind hat die Wolkenwand zerrissen und so den Blick auf die gegenüberliegenden Tuxer Berggipfel freigeblasen. Eine Pistenraupe müht sich dort den Hang hinauf und die Perlenschnur der Beleuchtungslaternen zeichnet den Weg der Seilbahntrasse nach.

Da beobachte ich am Nachbarhof ein wunderliches Ereignis: Die Bewohner treten aus dem Haus, vorneweg der Bauer, in der Hand hält er eine kleine Eisenpfanne, in der Kohlen glühen, eine gemurmelte Litanei ist zu vernehmen. Die Nachbarsleute gehen in den Stall, ziehen hoch zum Stadel, schreiten dort alle vier Ecken ab und trotten wieder heraus in die winterliche Abendluft. Am Ende betreten sie die Garage, tragen das Rauchgefäß um den Traktor herum zum Auto, öffnen den Kofferraum und lassen die Rauchfahne auch dort hineinwallen. Neugierig trete ich durch den Schnee hinüber, grüße freundlich und sehe der seltsamen Zeremonie zu.

»So was kennts ihr in der Stadt drin nicht, gell?« Der Hausherr nickt freundlich. Ich schüttle den Kopf.

»Mir machen des so, as Ausrauchen. Schon immer macht man das hier! Es soll Segen bringen fürs Haus und die schlechten Geister abhalten.«

# SAGENHAFTES
# ZWISCHEN DEN JAHREN

Seit dieser Thomasnacht beschäftige ich mich mit Geschichten, Sagen, Mythen, geheimnisvollen Orten und Liedern aus den Alpen. Besonders die Zeit der Raunächte hat mich dabei fasziniert. Die beobachtete Rauchzeremonie hat mir ein kleines Guckloch geöffnet, das einen Blick in längst vergangene Zeiten erlaubt.

Aus den Sagen zur Raunacht, die ich mit der Zeit entdeckt und neu geschrieben habe und aus den Geistern und Spukgestalten aus den Alpen, die mir bei vielen Wanderungen »über den Weg gelaufen« sind, sind eine Reihe von Geschichten entstanden.

In den kalten Tagen, wenn der Raureif den kahlen Bäumen gnädig einen weißen Hermelin überzieht, wenn die Sonne sich nur noch ein Stück über den Horizont traut, wenn sich Seen und Flüsse mit weißen Nebelwolken zudecken und die Natur todesstarr verharrt, dann hat man das Bedürfnis, sich um einen Ofen herum, am besten vor ein prasselndes Feuer zu setzen. Wir verhalten uns da nicht anders als unsere Vorfahren vor vielen tausend Jahren. Wenn man behaglich im Warmen sitzt, feuert und feiert, isst und trinkt, dann dämmern Geschichten herauf und mancher beginnt zu erzählen.

Erzählungen tauchen auf, wie eine Flaschenpost aus unserer Erinnerung, aus einer geheimnisvollen Ecke unseres Gehirns. Irgendwo da hat sich etwas von dem magischen Denken erhalten, das wir in unserer Kindheit entwickelt haben, um die Welt zu deuten und zu erklären. Entkorkt man diese Flaschenpost, dann steigt er auf, der Geist der Geschichten, dringt einem ins

Hirn wie der Kerschgeist dem Boandlkramer[2], strömt vorbei an den rationalen und aufgeklärten Rinden und Windungen und setzt sich irgendwo in der märchenhaften Ecke unseres Denkorgans fest. Von dort bringt dieser Geist die Augen zum Leuchten, verbreitet ein wohliges Gruseln, erweckt ein Staunen, Lächeln, Nachdenken. Wir haben diese Wirkung mit unserem Bühnenprogramm RAUNACHTSAGEN immer wieder so erlebt, selbst an einem der ungewöhnlichsten Auftrittsorte, im Frauengefängnis München Stadelheim.

Beim Entdecken, Hören und Nachverfolgen der Bergsagen und der in ihnen auftauchenden Gestalten bin ich auf überraschende Verbindungen gestoßen. Sind etwa die *Tiroler Norken,* die auf den Almhütten für so viel Schabernack verantwortlich sind, am Ende mit den *walisischen Klopfgeistern* verwandt? Oder warum hat der Teufel, wenn er in den Sagen auftaucht, immer die Gestalt eines wollüstigen Bocks? Woher hat er seinen Geißfuß, wieso stinkt er so fürchterlich? Warum steht am Ende von Sagen, die zum Beispiel genussvoll und mit viel Fantasie das Brüllen, Miauen und Hufschlagen der *Wilden Jagd* beschreibt, ein Schluss, der moralisch schwer mit dem Zeigefinger droht?

Das vorliegende Buch RAUNACHTSAGEN bietet eine Sammlung unterschiedlicher Erzählungen, Geschichten und Gedichte zu den Raunächten. Man findet hier alte Sagen, kleine Geschichten, auch Fragmente, die mündlich überliefert sind. Manche der traditionellen Geschichten wurden auf Grundlage einer älteren Fassung neu erzählt. Andere habe ich selbst neu geschrieben, auch einige Gedichte und Lieder dazu. Auch in diesen neuen

---

[2] Boandlkramer: Boandl oder Boanl sind Knochen oder Gebeine. Der Kramer ist der Händler, der seine Ware anbietet. Der Boandlkramer ist der Fuhrmann zwischen Diesseits und Jenseits, ein Arbeitskollege von Freund Hein, Gevatter Tod, dem Schwarzen Mann, dem Dunklen Lord, dem Sensenmann, Mr. Deathman, Hein Klapperbein und wie sie alle heißen.

Geschichten taucht der eine oder andere Berggeist, die *Frau Percht*, das *Weitwiesenweiberl* oder ein sonstiger Bewohner der alpinen Anderswelt auf.

Die Sagen, Geschichten und Mythen der Alpen, besonders um die Zeit der Raunächte, sind ein Schatz, der Lust am Fabulieren, am spannenden Erzählen und genussvollen Schaudern zulässt. Ob an all dem nun etwas »Wahres« dran ist oder ob die Zwischenwelt nur in unserer Fantasie existiert, das ist nicht so wichtig ...

Oder vielleicht doch?

# DIE ALMGEISTER AUS DEM BRIXENTAL[3]

enn die Älpler im Herbst ihre Almen mit den Kühen, Geißen und Schafen verlassen haben, dann schleichen sich die Almgeister in die leeren Hütten. Sie mustern sorgfältig Küche und Stall, überprüfen, ob alles am rechten Platz liegt, und geben dann ihren Brüdern und Schwestern, die im Berginnern warten, Bescheid: »Kommts, es ist Zeit! Jetzt können wir in die Almhütten einziehn zum Überwintern.«

Den ganzen Sommer über haben sie in den Höhlen und Stollen des Berginneren zugebracht. Jetzt beginnt für sie ein neues Leben, denn sie können den Winter im Tageslicht verbringen. Almgeister sind Schatzhüter, deshalb tragen sie immer das Wertvollste mit sich, denn sie müssen auch im Winter diese Schätze bewachen. Ob sie über das Notwendigste hinaus noch mehr an Tagesarbeit verrichten, das weiß man nicht. Vielleicht lassen sie auch nach dem harten Graben und Schürfen endlich einmal alle Fünfe grade sein.

Eine besondere Zeit für die Almgeister sind die Raunächte und die Weihnachtszeit. Am hl. Abend dürfen sie nichts essen, denn in der Christnacht kommen all die anderen Geister aus allen Tälern an einem bestimmten Platz zusammen, man sagt im Wilden Kaiser drüben. Dort verrichten sie geheimnisvolle Dinge. Es wird auch beratschlagt, es werden Streitigkeiten geschlichtet und Gericht gehalten. Diejenigen, welche im abgelaufenen Jahr erlöst wurden, kommen in der Christnacht in den Himmel. Die anderen müssen zurück auf ihre Almen ziehen und warten, bis sie an der Reihe sind.

Jetzt in der Zeit der Raunächte dürfen die Geister ihr Versteck

---

[3] Quelle: Anton Schipflinger: *Sagen, Bräuche und Geschichten aus dem Brixental.* Wiener Zeitung für Volkskunde 1937, S. 81–83.

auf den Almen verlassen. Manche begeben sich neugierig ins Tal zu den Häusern der Menschen. Wenn aber die Bewohner drunten mit der Räucherpfanne durchs Haus gehen, dann müssen die Geister Reißaus nehmen oder sie gehen zugrunde.

Für die Almgeister ist die Weihnachtszeit eine harte Zeit: Von den Häusern werden sie vertrieben, und auf der Alm wird es selbst ihnen unheimlich. Man sagt, dass ihnen Tod und Teufel in die Augen schauen und die wilde Jagd übers Land zieht, und das fürchten selbst Geister! Sind die Raunächte vorbei, dann können sich die Geister auf der Alm wieder wohlfühlen.

Erst am Karfreitag ziehen sie wieder von der Alm ab. Am Ostersonntag kommen sie aber noch einmal zurück, räumen alles auf der Hütte zusammen und stellen die Gegenstände, die sie benützt haben, zurück an ihren Platz. Nichts soll ihre Überwinterung verraten!

Sie kochen dann noch ein letztes Mus auf dem Herd. Nachdem sie das Mus bis auf den letzten Rest zusammengegessen haben, streifen sie die Alm ab und erbitten einen Segen, damit diese vom Unglück verschont bleibt. Sie verlassen die Hütten gegen Sonnenaufgang, um dadurch das Wachstum und die Fruchtbarkeit zu fördern. Ihre Schätze tragen sie wieder mit sich. Dann kehren sie zurück und kriechen wieder in die Stollen und Höhlen des Berges. Ab und zu verrät uns im Sommer ein Klopfen und Hämmern aus den Tiefen des Gebirges, wo sie gerade zugange sind.

# GESCHICHTEN, FIGUREN UND BRAUCHTUM IN DEN RAUNÄCHTEN

ie Raunächte, das sind die Nächte vom Thomasabend am 21. Dezember bis zur Perchtnacht, der Nacht vor Heilig Dreikönig vom 5. auf den 6. Januar.
Woher kommt der Name »Raunacht«? Ob er sich vom mittelhochdeutschen »ruch«, das haarig oder pelzig bedeutet und so auf Geister oder Dämonen deutet oder ob er sich vom »Ausrauchen« herleitet, darüber lässt sich gerade in den dunklen Nächten des Jahres nachdenken.

Es ist die Zeit zwischen den Jahren, die etwas langsamer zu vergehen scheint, in welcher die Beschleunigung etwas abnimmt, die das Gefühl einer Auszeit vermittelt und uns etwas Ruhe schenkt: Raunachtszeit!

Die Anzahl der Raunächte unterscheidet sich von Region zu Region und reicht von drei bis zu zwölf Tagen. Neben den in diesem Buch beschriebenen vier Raunächten finden sich regional etwa noch die Glöckelnächte, die Unternächte oder Klöpfelnächte.

Schon Johannes Boemus (1520)[4] und Sebastian Franck (1534)[5] berichten über das Beräuchern:

---

[4] Johannes Böhm (* um 1485 in Aub; † 9. Juni 1534 in Rothenburg ob der Tauber) war ein deutscher Humanist, Deutschordensbruder und Begründer einer humanistischen Ethnografie. Er verfasste neben Gedichten drei Bücher über die Völker Asiens, Afrikas und die deutschen Stämme.

[5] Sebastian Franck (* 20. Januar 1499 in Donauwörth; † 1542 oder 1543 vermutlich in Basel) war ein deutscher Chronist, Publizist, Geograf, Theologe und Sprichwortsammler und gilt als der bedeutendste mystische Schriftsteller des 16. Jahrhunderts.

*Die zwolff Naecht zwischen Weihenacht und Heyligen drey Künig tag ist kein hauß das nit all tag weiroch rauch in yr herberg mache / für alle teüfel gespenst vnd zauberey.*[6]

*Viele der in den Raunächten umgehenden Sagenfiguren wie die* Krampusse, *die weiße* Haberngoaß, *die Frau Percht, die mit dem Zug verstorbener Kinder umherzieht und diese versorgt, legen eine Spur in vorchristliche Zeiten. Die* drei Saligen Frauen[7] *etwa entstammen wohl einer matriarchalen Epoche, einer Zeit des Sesshaft-Werdens. Zwei* Salige *werden als »weiße Frauen«, die dritte als »schwarze Frau« beschrieben. Die erste der Frauen gebiert den Lebensfaden, die zweite spinnt ihn fort und die dritte, schwarze Frau schneidet ihn ab. Immer wieder finden sich drei Frauen in Darstellungen, zum Beispiel als* Bethen[8] *in der Kirche St. Alto in Leutstetten (an der Würm nahe Starnberg) mit Namen* Ainpet, Gberpet & Firpet, *die über die dort entspringende Heilquelle wachen.*

*Es sind unterschiedlichste Fantasiewesen, die als Gestalten durch die Geschichten geistern. Der Schatz der vorzeitlichen Sagen weist weit zurück. Überliefert wurden sie wohl mündlich, von den* Barden und Filid *gesungen und rezitiert, die als Sänger, Musikanten und Erzähler durch das Land zogen. Diese waren hoch*

---

[6] Quelle: Weltbuech, Sebastian Franck Spiegel vnd bildtniß des gantzen erdbodens ... Tübingen 1534, zit. nach Hans Dünninger, Horst Schopf: *Bräuche und Feste im fränkischen Jahreslauf.* Kulmbach 1971, S. 24. Zit. nach wikipediaTM.

[7] Die drei Saligen: Menschenliebe, Harmonie mit der Natur, tiefe Freundlichkeit und ein wunderschönes Äußeres mit flachsgelben Haaren kennzeichnen die drei Saligen. Besonders in den Ötztalern sind sie zu Hause, wohnen unter dem Himmel und hängen ihre weiße Wäsche zwischen den Berggipfeln auf.

[8] Bethen: Als drei Bethen (auch Beten, Beden) bezeichnet man die drei heiligen Frauen Einbeth, Warbeth und Wilbeth. Sie werden auf die Existenz gleichnamiger keltischer Göttinnen, die ebenfalls Bethen genannt wurden, zurückgeführt.

anerkannte Künstler, die es als Absolventen der Druidenschulen verstanden, heilige Mythologie in Form von Versen und Liedern zu verbreiten. Ihre Tradition hat sich wohl bis ins Mittelalter in Form der fahrenden Sänger erhalten. Im ladinischen Sprachraum gab es bis ins 19. Jahrhundert die Cantastories, die fahrenden Spielleute.

Die Erzählungen, die von den Sängern und Erzählern weitergegeben und überliefert wurden, sind unter dem Einfluss der katholischen Kirche umgedeutet und in das christianisierte Weltbild übernommen worden. So wurde der neckische Waldgeist zum Dämon, der Bock zum Teufel, die Kräuterkundige zur Hexe, der Heiler zum Zauberer, die alten Götter zum bedrohlichen Spuk.

Doch war es immer der Wunsch des Menschen, die Erscheinungen der Natur, ihren Nutzen, ihre Gewalt und ihren Rhythmus zu verstehen oder sie – manchmal augenzwinkernd – mit Ritualen zu feiern. So sind die Bräuche in den Raunächten zu verstehen, denn:

*Die Raunächte, das ist die Zeit zwischen den Jahren, in welcher die Geister ungescheut umgehen und ihr Wesen treiben.*

An den Vorabenden des Thomastages, des Christfestes, des Neujahrstages und des Dreikönigsfestes räuchert der Hausherr alle Räume des Hauses aus und besprengt sie mit Weihwasser, um sie zu segnen und dadurch die Hexen zu vertreiben und die bösen Geister milde zu stimmen.

Aus dem Ofen holt man die Glut, legt sie in die Räucherpfanne, streut getrocknete Kräuter oder Weihrauch darüber, sodass ihr Wohlgeruch durch das ganze Haus zieht. Sodann gehen die Bewohner mit Rauchgefäß und Weihwasser durch Kammern und Stuben, hinüber in den Stall, hoch auf die Tenne, hinaus in den Obstgarten und aufs Feld.

Nachdem die kleine Prozession von ihrem Rundgang in die Stube zurückgekehrt ist, knien alle nieder und beten, worauf die Männer ihre Mützen, die Weiber ihre Kopftücher über den

*Rauchtopf halten und dann rasch das Haupt bedecken, denn das gilt als Mittel gegen das Kopfleiden.*

*Meist waren die Raunächte Feiertage, es galt ein Arbeitsverbot: So durfte man in diesen Nächten nicht spinnen, sonst liefert man der* Hexe Hertha *das Garn, womit sie die Leute fängt und fortschleppt.*

*Der Wind in den eisigen Raunächten soll trotz der unwirtlichen Kälte die Fruchtbarkeit anregen.*

*In den Raunächten sollen die Bäume bocken oder remmeln, das heißt, da soll sie der Wind bis in die Wurzel hinab riegeln, damit sie sich befruchten.*

*Dann gibt es im nächsten Jahr viel Obst. Und damit viel Obstler!* Kersch**geist!** *Prost!*

## RAUNACHTSZEIT

*Wenn die Zeit so staad verweht*
*Wenn as Jahr aufs End zuageht*
*Wenn da Bergwald eisig schweigt*
*Wenn die Sonn sich kaum mehr zeigt*

*Wenn die Geister rum sich treibn*
*Wenn die Toten Kegel scheibn*
*Wenn vorübergeht das Jahr*
*Ja dann san die Raunächt da*

*D'Sonn wendt sich zur Thomasnacht*
*Da beginnt die Geistermacht*
*Leg dich falsch ins Bett hinein*
*Auf dass dir dein Schatz erschein*

*In da Christnacht is soweit*
*Redt as Viech und prophezeit*
*An Silvester hoit di staad*
*Da gehts um die Wuide Jagd*

*Kloane Kinder, zrissns Gwand*
*Die Frau Percht ziagt umanand*
*Schenkst ihr Brot und Butter dick*
*Dann bringt's nächste Jahr dir Glück*

*Rauchts die Stuben, rauchts as Haus*
*Rauchts die bösen Geister naus*
*Rauchts guat aus, sonst tuats eich leid*
*Raunacht, Raunacht, Raunachtszeit*

## 21. DEZEMBER – THOMASNACHT, WINTERSONNWENDE ODER ERSTE RAUNACHT

Die erste der Raunächte ist die Thomasnacht, ihr Name geht auf den Apostel Thomas zurück, den Ungläubigen, Skeptischen, der nichts für wahr hält, was er nicht mit eigenen Augen gesehen hat.

*m Tag vor der Thomasnacht hat die Sonne ihren tiefsten Stand über dem Horizont erreicht: »Ab dem Thomastag wächst der Tag um einen Hahnenschrei«. Dem kürzesten Tag folgt die längste Nacht des Jahres. Nach der Mythologie beginnt nun die Zeit zwischen den Jahren, die Zeitlosigkeit. Geschichten, Bräuche und Wahrsagungen sind mit ihr verbunden.*

*Will beispielsweise jemand wissen, wen er heiraten werde, so muss er am Thomasabend vor dem Schlafengehen den Bettstaffel[9] treten. Das geht so, dass man zuerst den untersten Teil vom Bett mit dem linken Fuß dreimal tritt. Die Mädchen sprechen dabei folgende Worte:*

> *Bettschemel ich tritt dich,*
> *Heilger Thomas, ich bitt dich,*
> *Lass mir erscheinen*
> *Den allerliebsten meinen!*

*Oder:*

> *Zeig mir an*
> *Meinen künftigen Mann!*

---

[9] Hölzerner Zustieg zum Bett.

*Die Burschen sagen:*

> *Zoag mir glei*
> *mein künftiges Wei!*

*Nachdem dieses dreimal gesprochen wurde, muss man sich umgekehrt in das Bett hineinlegen, sodass der Kopf dahin kommt, wo gewöhnlich die Füße sind. Auch darf man nicht auf der gewöhnlichen Seite in das Bett steigen oder nach dem Bettstaffeltreten noch Anordnungen für den nächsten Tag machen und dergleichen. Man muss gleich unmittelbar nach dem Spruch über den Bettschemel in das Bett steigen, denn nur dann erscheint einem im Traum die geliebte Person.*

*Die Raunächte gelten als Lostage, also als Nächte, in denen sich die Zukunft vorhersagen lässt. In Böhmen etwa steckt man kleine Zettel mit Nummern in die Knödel, die man am Thomasabend kocht. Der Knödel, der beim Kochen zuerst an die Oberfläche des Wassers kommt, enthält die Zahl, die in die Lotterie zu setzen ist.* [10]

*Man kann in der Thomasnacht auch mit einem Spiegel und einer brennenden Kerze ins Freie gehen. Wenn man dann um Mitternacht in den Spiegel blickt, sieht man, was diejenige Person gerade tut, die einem lieb ist.*

*Auch Bäume können befragt werden: Ledige Mädchen, die wissen wollen, aus welcher Richtung ihr Bräutigam kommen wird, gehen zu einem Obstbaum und schütteln diesen so lange, bis von irgendwo her ein Hund bellt.*

---

[10] Quelle: Vernaleken, Theodor: *Mythen und Bräuche des Volkes in Österreich.* Wien 1859. (Zitat-Quelle: www.sagen.at)

*Während des Schüttelns sagt die Ledige:*

> *Bamerl, i schüttel di,*
> *Bamerl, i rüttel di,*
> *host du koan Mann für mi?*

Aus der Richtung, aus der sie das Bellen eines Hundes hört, wird ihr Bräutigam kommen.

❖

> *Wenn St. Thomas dunkel war,*
> *gibt's ein schönes Neues Jahr.*
>
> *Bauernregel*

# DIE STOLZE ANNA VON SCHLECHING

ie liebliche, wohlgewachsene Anna, Tochter eines Bauern aus dem Schlechinger Tal, wurde von den Burschen im Dorf heftig umworben. Nicht nur schön war sie, sie strahlte auch große Freundlichkeit und innere Harmonie aus. Jeder Schlechinger Bursch hätte bei ihr gerne Erfolg gehabt. Die Anna jedoch schenkte dem Werben der jungen Schlechinger wenig Beachtung, sie verteilte ihre Freundlichkeit zu gleichen Teilen, gab aber niemandem Anlass zu größerer Hoffnung. Sie glaubte nicht daran, dass einer von den Herangewachsenen, mit denen sie früher die Schulbank gedrückt hatte, als Ehemann geeignet wäre. Nachts, wenn der Bergwind sanft die Senkungen hinauswehte, träumte sie oft von der Ferne, von unbekannten Ländern, weit weg von ihrem allzu engen Heimattal.

Die Burschen im Tal waren über ihre Unnahbarkeit verstimmt und jeder hoffte, dass sie sich letztendlich doch für ihn entscheiden würde. Am meisten ergrimmt war der Dominikus. Er hatte sich am weitesten vorgewagt, hatte der Anna nach der Maiandacht sogar ein Busserl abringen wollen! Die Anna aber hatte ihn sauber abblitzen lassen, und er brauchte sich um den Spott dafür nicht sorgen.

Zudem hatten die Schlechinger Wind davon bekommen, dass auch die Aschauer Jungmannen von der schönen Anna gehört hatten. Sie hatten es sogar gewagt, an Kirchweih in Schleching vorbeizuschauen, rein zufällig natürlich. Es kam zu einer kleinen körperlichen Klarstellung und bedurfte einer weiteren Androhung von »Strixen«, um die Aschauer aus dem Schlechinger Revier zu drängen. Trotzdem hieß es, auf der Hut zu sein.

Am Thomasabend fasste nun der Dominikus einen Plan: Er wollte die Anna erschrecken, die Aschauer ein für alle Mal aus dem Verkehr drängen und auch seine verletzte Eitelkeit rächen. So verkleidete er sich als Teufel, mit einem rot gefärbten

*Geißenfell, einer furchterregenden Holzmaske und Hörnern auf dem Kopf. So verhüllt schlich er sich in Annas Zimmer und versteckte sich dort unterm Bett.*

*Bald trat die Anna zur Schlafenszeit in ihr Zimmer, pochte dreimal an den Bettstaffel und bat den heiligen Thomas, ihr den Geliebten erscheinen zu lassen. Genau in diesem Moment rollte sich der verkleidete Dominikus unter dem Bett hervor, sprang auf und rief:*

*»Der Aschauer Teufel wird dein Geliebter,*
*wenn dir die Schlechinger nicht gut genug sind!«*

*Grausam sah er aus, im Kerzenlicht! Böse Schatten tanzten über seine hölzerne Fratze! Die Augen schienen zu glühen wie zwei Holzkohlen! Anna fuhr der Schreck so in die Glieder, dass sie schlagartig in Ohnmacht fiel und mit einem Seufzer zu Boden sank. Diese Zeit nutzte der Kerl, um zu verschwinden.*

*Bevor die Anna langsam wieder erwachte erschien ihr im Traum ein Gesicht. Es gehörte zu einem der Aschauer Burschen. Sie war auf ihn aufmerksam geworden, als er auf seiner diatonischen Harmonika spielte, beim Almsommer oben am Spitzstein. Kein Gockel war er, sondern ein ganz Sanfter, Ruhiger.*

*Anna erwachte nun aus ihrer Ohnmacht. Sie fasste wieder klare Gedanken, reimte sich alles zusammen und erkannte, dass wohl die Schlechinger hinter der argen Teufelei steckten.*

*Ihr Ärger und ihre Wut darüber vergingen nicht mehr! Keiner dieser Lackln bekam von ihr je wieder einen freundlichen Blick!*

*Übers Jahr verliebte sich Anna in einen jungen Aschauer Musiker und wanderte mit ihm nach Kanada aus. Seine diatonische Harmonika nahmen sie in die Ferne mit. Den Schlechingern aber blieb nichts, als den beiden nachzuschauen.*

## VON DER MAGD ZUR BÄUERIN

in Mädchen aus Oberösterreich entkleidete sich, kurz bevor es in der Thomasnacht zwölf Uhr schlug. Sie vergewisserte sich noch, dass alles im Haus schlief, und kehrte dann, nackt und bloß wie sie war, die gute Stube aus. Sie hatte nämlich gehört, dass sich so der für sie vorbestimmte Bräutigam zeigen würde. Als sie mit dem Auskehren fertig war, stellte sie sich mit ihrer ganzen natürlichen Anmutigkeit in die Mitte der Stube und blickte erwartungsvoll zum Fenster hinüber. Da ging auf einmal der Bauer am Fenster vorbei und grüßte freundlich herein. Vor Schreck und Scham stürzte die Magd in ihre Kammer hinauf, grub sich in ihre Bettdecke ein und traute sich nicht einmal mehr, darunter herauszuschauen.

Am nächsten Morgen ging sie, noch immer schamrot im Gesicht, zur Morgensuppe. Aber nichts war anders als jeden Tag und der Bauer gab keinerlei Andeutungen zu dem, was in der Nacht davor passiert war. Im Gegenteil: Er rekelte sich wohlig und sagte, dass er heute Nacht besonders tief und fest geschlafen habe. Offenbar hatte er keinerlei Erinnerung an sein nächtliches Erscheinen.

Nach dem Mahl zog die Magd die Bäuerin ins Vertrauen. Die sah sie daraufhin mit traurigen Augen an und sagte nur: »Halt mir alles gut zsamm und schau auf die Kinder!«

Im Jahr darauf starb die Bäuerin und wieder ein Jahr darauf nahm der Bauer die schöne Magd zur Frau.

# KLEINE GESCHICHTEN AUS DER THOMASNACHT

enn ein Mädchen in der Thomasnacht den Kamm, mit dem sie sich die Haare macht, auf einen Sessel legt, hinausgeht und zum Fenster hineinschaut, sieht sie ihren Zukünftigen auf dem Stuhle sitzen.

Dies erprobte einmal die Dirn vom Mair in der Au. Als sie beim Fenster hineinsah, saß ihr Dienstherr, der Mair, auf dem Sessel. Als sie ihn am nächsten Morgen erstaunt fragte, wusste er von nichts. Nach einiger Zeit wurde aber die Dirn wirklich die Mairin.

## Fragment

*Ein Bauer aus Waldzell wusch sich, nachdem er sich zuvor neun Tage nicht gewaschen hatte, das Gesicht im Katzenbachl. Da erschien ihm seine Zukünftige und reichte ihm das Handtuch.*

## DER LOSGANG

n der Thomasnacht unternahm ein Mann einen sogenannten »Losgang«. Dabei geht man zu einem Kreuzweg hin, um sein Schicksal zu erforschen. Was in dieser Nacht geschehen ist, erfuhr anfangs niemand von ihm, nur bemerkte man, dass er immer mehr kränkelte. Als er aber letztendlich so krank wurde, dass er sich dem Tode nahe fühlte, rief er seine Nachbarn zu sich und eröffnete ihnen Folgendes:

»In der letzten Thomasnacht bin i zum Losen nausganga. I geh vom Dorf weg zum nächsten Kreuzweg nüber. Plötzlich hör i ein Hufschlagen, als wenn ein ganzer Zug von Pferdeln daherkam. Aber gsehn hab i nur oan oanzigen Gaul, weiß wie der Schnee, der ganz alloa den Lärm gmacht hat. I hob ma net traut, auf d'Seitn zum Schaun und net zruck. Obwohl i schon gmoant hab, der Gaul kommt mir so nah, dass er mich dadruckt, bin ich einfach weiter ganga, immer weite.

Der kalte Schweiß is mir übern Buckel nunta und hat mich wia a eisige Hand packt! So bin i zum Kreuzweg hikemma. Aber das schneeweiße Pferdl hat mich net zuawilassn, hat sich mir mittn in Weg gstellt. Erst wiar i mit einer gweichten Kreidn einen Kreis aufn Boden gmalt hab, is es verschwunden, aber der Lärm vom Hufschlagen, vom Wiehern und vom Schnauben war no größer wie davor.

Dann hob i angfangen zu losen, zum Beten und zum Sprücherl hersagen, weil i wollt ja ausforschen, was die Zukunft bringt.

Da, auf oamoi, hob i a traurige Musi ghört, und a Leichenzug is kemma, ganz langsam. Aber glei drauf is die Musi recht lustig worn. Burschen ham gsungen und i hob a richtige Hochzeit gsehn. Grad aufganga is, geschmaust und trunka is worn, tanzt und gspuit hams. Aber dann is wieder da Wind aufkemma, die Tänzer ham sich in an Nebel aufglöst und mir is wieder ganz kalt worden. Und dann wars vorbei.«

*Bald darauf starb der Mann.*

*Sein Blick in die Zukunft bewahrheitete sich: Nach einer kurzen Trauerzeit heiratete seine Frau wieder, und zwar einen jungen Burschen aus dem Dorfe. Sie dachte sich wohl: »A Junger frisst auch net mehr wie ein Alter, aber warm halten tut er besser!«*

# DAS WEITWIESENWEIBERL ODER
# DIE FAHRT ÜBER DEN KÖNIGSEE

 *as* Weitwiesenweiberl *war in den Bergen um Berchtesgaden unterwegs. Man erzählte, wenn sich ein Fuhrwerk oder ein Wanderer in der Nacht verirrt hatte, dann sei des Öfteren das* Weitwiesenweiberl *aufgetaucht und habe mit seiner Laterne dem verirrten Wanderer oder dem Fuhrmann auf den richtigen Weg zurückgeholfen, ihnen sozusagen »heimgeleuchtet«.*

*Sobald der Irrgänger die Landschaft oder den Weg erkannte und alleine weiterfand, verschwand das* Weitwiesenweiberl *wieder und erwartete keinerlei Dank für seine Hilfe. Mehr noch: Wenn man dem* Weitwiesenweiberl *hinterherschaute, ihm gar nachlief oder ihm ein »Dank dir recht schön« hinterherrief, dann konnte es passieren, dass ein schlimmes Unglück eintrat.*

*In den beginnenden 60er-Jahren war einmal viel zu früh ein eiskalter Winter angebrochen und der Königsee war vollkommen zugefroren. Da wohnte in Ramsau der Ellinger Franz, ein junger Bursch, der aus einem reichen, schmucken Bauernhof herstammte. Franz hatte ein Auge auf eine fesche junge Bedienung geworfen, die Doyscher Elis, eine »Böhmische«, die in der Gastwirtschaft in St. Bartolomä in Diensten stand.*

*Nun hatte der lebenshungrige Ellinger sich vorzeitig seinen Erbteil auszahlen lassen und kurz vor Weihnachten einen nagelneuen VW-Käfer erworben, ein schmuckes, glänzendes Automobil, auf das er unbandig stolz war.*

*Was lag näher, als mit seinem Automobil der hübschen Elis zu imponieren. Aber wie das am besten anstellen?*

*Da kam der Franz auf die Idee, in der Thomasnacht über den gefrorenen See hinüberzufahren und die Doyscher Elis auf eine Spritztour über das Eis einzuladen. Man weiß ja, in der Thomasnacht legen sich die unverheirateten Mädchen mit dem Kopf* zum Fußende ins Bett, weil ihnen dann im Traum ihr Geliebter erscheint. Vielleicht wollte dies der Ellinger schamlos ausnützen und der Elis nicht nur im Traum, sondern lebendig erscheinen und ihr obendrein mit seinem neuen Käfer imponieren.

Gesagt, getan!

Der Franz fuhr mit dem Wagen zum Seeufer, legte Schneeketten an und rollte vorsichtig hinaus aufs Eis. Das Eis knackte leicht, ab und zu entlud sich die Spannung in einem dumpfen Ächzen und Stöhnen, aber das galt ihm als Zeichen, dass das Eis fest war und hielt.

Doch als er auf der Mitte des Sees angelangt war, kam urplötzlich ein Schneesturm auf, wild und undurchdringlich vom Watzmann her. Kaum drei Meter weit konnten sich die Scheinwerfer durch das Inferno hindurchbohren. Der Ellinger bekam es mit der Angst zu tun.

Eis und Schnee gingen ineinander über, er wusste schon bald nicht mehr, wo oben und unten war, und ein kalter Schauer nach dem anderen lief ihm über den Rücken hinunter.

Da klopfte etwas an das kleine Ausstellfenster neben dem Rückspiegel.

Das Licht einer Laterne warf einen warmen Schein ins Innere des Automobils und das Winken einer Hand bedeutete ihm, dem unheimlichen Begleiter zu folgen.

Obwohl der Ellinger vor Schrecken halb erstarrt war, tat er, wie ihm geheißen. Der junge Bauernbursch rollte mit seinem Wagen langsam neben der Gestalt her, wohl eine geschlagene halbe Stunde lang, und tatsächlich: So plötzlich, wie er angehoben hatte, lichtete sich der Schneesturm wieder, es hörte zu schneien und zu wehen auf, und er konnte in der Ferne die Fenster des warm erleuchteten Gasthofs von St. Bartolomä erkennen. Erleichtert drehte der Bursch das Fenster herunter und blickte in eine aus rauem Stoff gewebte Kapuze, die das Gesicht dahinter vollkommen verbarg.

»Nix sogn, gor nix sogn!«, vernahm er eine heisere Stimme.

»Freilich sag ich was, i muass!«, entgegnete der Bursch.

»Nein, bloß nix sogn! Staad sein, ganz staad!«

»Doch!«, erwiderte der Bauernbursch, »freilich sag ich's, wie es die Mutter mir beibracht hat: Dank dir schön, und vergelts Gott, viel tausend Mal«.

Da ertönte ein markerschütternder Schrei vom Weitwiesenweiberl, denn niemand anderes hatte dem Franz den Weg geleuchtet:

»Unglück, nimm deinen Lauf!«, rief es und verschwand irgendwo in der Nacht.

Keiner im Tal hat gesehn, was danach in dieser Nacht passiert ist, nur der Wirt vom Gasthof Bartolomäh wunderte sich, als er am Morgen zum Schneeschaufeln vor die Türe trat. Er sah nämlich mit eigenen Augen die leicht verwehte Fahrspur eines Gefährts über den See auf St. Bartolomäh zulaufen und wunderte sich, weil die Spur unerklärlicherweise mitten auf dem See endete.

Seit dieser eiskalten Thomasnacht bekommt man in den Tälern rund um den Watzmann – egal ob man ein Trinkgeld hergibt, einen Skipass kauft oder etwas anderes Gutes anrichtet – von keinem Burschen auch nur den Hauch eines Dankeschön zurück.

# DER SCHMIED VON RUMPELBACH
## MIT DEN ABSONDERLICHEN DREI WÜNSCHEN

In der Thomasnacht, da kann es vorkommen, dass sich der Herrgott und der Petrus auf den Weg machen, um nachzuschauen, ob drunten auf der Welt nur Krieg, Geltungssucht, Geiz und Raffgier herrschen, oder ob sich noch der eine oder andere findet, der für seinen Nächsten etwas übrig hat, etwas auf die Gastfreundschaft hält und bereit ist, mit anderen zu teilen. Um diese Probe durchzuführen, verkleiden sie sich als Fremde aus einem fernen Land. Unerkannt wollen sie die Wahrheit herausfinden.

*So geschah es auch an einem Abend vor der Thomasnacht, zu einer Zeit, als noch in jedem größeren Dorf ein Schmied sein Auskommen hatte. Die beiden himmlischen Wanderer zogen durch das Mühltal, klopften hier und dort an, baten um Obdach für die Nacht, einen Schluck Wasser und einen Kanten Brot. Auch wenn die Bitte noch so bescheiden war, sie hatten keinen Erfolg und wurden mit Vorwänden oder mit einem »Schleichts eich, Bagage, mir ham scho gnua Gsindl da rundumadum!« davongejagt.*

*Sie hatten die Suche fast schon aufgegeben, da kamen sie nach Rumpelbach. Im Wirtshaus probierten sie es erst gar nicht. Doch gegenüber vom Wirt strahlte der Schein eines wärmenden Feuers aus einem kleinen Anwesen und das helle Klingen eines Hammers verriet der himmlischen Delegation, dass hier der Dorfschmied Haus und Werkstatt hatte.*

*Der Herrgott und der Petrus klopften an die Werkstatttür, der alte Schmied öffnete und die beiden trugen ihre Bitte vor.*

*»Kemmts eina«, antwortete der Schmied. »I kann doch neamd erfriern lassn in der längsten Nacht vom Jahr. Viel hab i selber net, aber des Bett in der Gsellnkammer steht leer. I hab ja eh scho lang koan Gselln mehr. Oiso, des kann i eich gebn. Und a Brotzeit hob i a no!«*

*Der Schmied, der als Witwer schon weit in den Siebzigern war, führte seine Gäste in die bescheidene Kammer, wischte noch ein paar Spinnweben von der Wand, entschuldigte sich für die Unordnung und bat seine späten Gäste hinunter an den Küchentisch.*

*»Da hockts eich her! A Gräucherts, selber gmacht, von einer kerndlgfuaderten Sau hätt i und a Hoibe Bier is aa no da. Und dann verzählts ma was von woanders, weil bei uns kriagt ma ja net so vui mit.«*

*So verbrachte der Schmied mit den unerkannten heiligen Gästen einen unterhaltsamen Abend und vor dem Bettgehen holte er noch eine Flasche aus dem Kasten hinter der Tür.*

*»Des is was ganz Bsonders: ein Schnapserl, selber brennt (aber nix verratn)! Und die Birn san von meim besten Birnbaum. Die*

schönsten gelben Birn tragt er jedes Jahr. Des ist für mi die höchste Freid. Am Herrgott kann i dankbar sei, dass er mir sowas Guats vergönnt. Prost!«

Fast hätte sich der Herrgott hier schon verraten, weil er vom Bier schon einen leichten Suri[11] hatte, aber der Petrus trat ihm rechtzeitig auf den Fuß, damit er sich nicht zu erkennen gebe. Trotzdem hatte der Schmied etwas gespannt. Auf der einen Seite war er nämlich ein freundlicher und gutmütiger Mann, auf der anderen Seite aber ein schlauer und etwas odrahter Zeitgenosse. Deswegen hat er wohl irgendwie gespürt, dass an seinen weit gereisten Gästen etwas ganz Besonderes dran war.

Am nächsten Morgen stand der Schmied schon wieder an der Esse und bearbeitete mit Zange und Schmiedehammer ein Grabkreuz, das sich aus einem Birnbaum herausschälte, von wunderschönen Früchten umrankt.

»In da Kuchl steht a Kanna Kaffee und a Schüssel mit Zimtnudeln waar aa do. Greifts richtig zua und packts eich no a paar ei, ihr habts ja an weiten Weg vor euch.«

Der Herrgott und der Petrus nahmen dankend an, und während sie die Zimtnudeln in den Kaffee eintauchten, nickten sie sich bestätigend zu: Der Schmied von Rumpelbach, das ist ein wahrer Christenmensch – vielleicht der letzte in diesem Landstrich!

Sie standen auf, gingen hinüber in die Schmiede und gaben sich dem Schmied zu erkennen. Der Schmied war sprachlos, der Herrgott und der heilige Petrus bei ihm in der Schmiede! Hatte ihn seine Vorahnung also doch nicht getäuscht!

»Du bist ein guter Mensch«, meinte der Petrus, »und dafür sollst du belohnt werden!«

»Ah geh, des brauchts doch net«, wehrte der Schmied bescheiden ab.

»Doch, doch!« Petrus nickte milde bestimmend. »Ich habs mit dem Herrgott schon ausgredt. Zur Belohnung sollst du drei

---

[11] Bairisch für Schwipps (Suri = Rausch)

*Wünsche frei haben! Allerdings mit einer Ausnahme: Das ewige Leben kannst du dir nicht wünschen, weil dir die letzte Stund aufgesetzt ist! Da haben wir schon einmal ganz schlechte Erfahrungen gemacht.«*

*»Des is recht so«, antwortete der Schmied, »wenn's denn sein soll, dann wünsch i mir was!«*

*»Nur zua!«, ermunterte ihn der heilige Pförtner.*

*»Mei erster Wunsch is: Wenn irgendoaner auf mein Birnbaum steigt, dann muss er so lang drobenbleiben und darf nicht mehr runtersteigen, bis i eahm des erlaub!«*

*›Ein seltsamer Wunsch‹, dachte sich Petrus, ›wahrscheinlich will der Schmied verhindern, dass ihm die Kinder aus dem Dorf seine schönen Birnen stibitzen.‹ Als der Herrgott leise »Passt scho!« in seinen weißen Bart hineinmurmelte, nickte auch er.*

*»Da zwoate Wunsch waar«, fuhr der Schmied fort und deutete auf das Gewehr an der Wand. »Wenn jemand in den Lauf von meim Gwehr neikriacht, dann kann er ohne meine Erlaubnis nimmer vor und zruck und raus!«*

*Herrgott und Petrus schüttelten den Kopf über den weiteren seltsamen Wunsch des Schmieds, aber was blieb ihnen übrig: Sie gewährten ihn.*

*»Und Reichtum, Gold und Silber, so etwas wünschst du dir nicht?«*

*»Mir langt des, was i zum Leben hob. I hob zum Essen, hob a Dach überm Kopf. I hob mei Zeitung und wenn i mog, geh i nüber zum Wirt. Do kaaf i mir a Hoibe oder zwoa oder sogar amoi drei. Da hob i mei Ansprach, mei Ablenkung und a weng an Gaudium*

*hob i a«*, entgegnete der Schmied. »*Was wui ma mehr haben vom Lebn!*«

Die himmlischen Gäste waren zutiefst beeindruckt von den guten Anlagen und der Redlichkeit des Schmieds. Sie waren so ergriffen, dass ihnen das listige, sogar ein bisserl »hinterfotzige« Lachen in den Augen des Schmieds entging.

»Was ist nun dein dritter Wunsch?«, fragte Petrus. Draußen vor der Schmiede zeigte der Schneewind, dass die kalte Jahreszeit gekommen war und jagte einen Schneeschauer, spitz wie Nadeln, rund um das Haus.

»*Jetz werds dann eisig und koit*«, antwortete der Schmied. »*Und weil i ois Schmied as ganze Jahr nebam Feuer steh, friert s mi hoit bsonders leicht, wenn i in da koitn Zeit naus muass vor mei Tür. I bins hoit ned gwohnt. Bsonders an de Ohrn, da friert s mi oiwei ganz arg. Desweng is mei dritter Wunsch: I möcht* immer, wenn ich *das sag, genau da sein, wo mei guade, warme Zipfelhaubn is. Mei Frau hots ma no gstrickt, bevor sie gstorbn is, und meiner Zipfelhaubn möcht i* immer *nah sei!*«

Dieser Wunsch war noch bescheidener, aber angesichts der Winterkälte nachvollziehbar. Nun waren alle drei seltsamen Wünsche des Schmieds ausgesprochen. Der verabschiedete sich dankbar von seinen himmlischen Gästen, wünschte ihnen eine schöne Weihnachtszeit und ein gutes neues Jahr, auch wenn das in der ewigen Unendlichkeit nicht so bedeutsam ist wie da herunten auf Erden.

Die Gäste waren weitergezogen und der Schmied arbeitete, bis es Feierabend war. Dann erhitzte er in der Esse das Wasser für den Badezuber, reinigte genussvoll zum Jahresende seinen Leib vom Ruß und vom Öl. Darauf zog er sein Feiertagshemd und den Anzug an und ging hinüber zum Wirt, um die staade Zeit mit einem Krug Bier geruhsam anzugehen.

Die Weihnachtszeit und die Raunächte gingen vorüber, der Frühling kam, die Bienen schwärmten aus und der Schmied freute sich über das geschäftige Summen in seinem Birnbaum. Der trug Blüten, bald Früchte und versprach eine gute Ernte.

*Ein schwüler Spätsommerabend kündigte sich an, die Hitze drückte von hinten in die Schmiede hinein und das Schmiedefeuer gab die seine von vorne ab. Kein Wunder, dass dem Schmied das Wasser nur so hinunterlief. Er bearbeitete und formte gerade wieder das Birnbaum-Grabkreuz, das er immer wieder hervorholte, wenn kein anderer Auftrag Vorrang hatte.*

*Da plötzlich, völlig unerklärbar, zog ihm von hinten eine ganz unangenehme Kälte ins Kreuz. Verwundert, ein wenig erschrocken drehte er sich um. Alles schien plötzlich stillzustehen. Kein Wind war zu spüren und frostig war es, wie im Eiskeller vom Bräu.*

*Draußen vor der Schmiede stand ein Karren, ein spindeldürrer Häuter war davor gespannt und wieherte kaum hörbar. Ein durchreisender Fuhrmann, dessen Pferd beschlagen werden musste?*

*Da klopfte ihm jemand leicht auf die Schulter. Wie das? Er hatte doch niemanden wahrgenommen! Erschrocken drehte sich der Schmied um. Eine hagere Gestalt, in schwarze Lumpen gehüllt und mit einem löchrigen Zylinderhut auf dem Kopf, stand vor ihm. Es gab keinen Zweifel:*

*Der Boandlkramer[12]!*

*»So Schmied, Zeit werd's! Dein letztes Stünderl war jetzt da! Drum bin i hergfahrn, dass i di hol, dass ma nüberfahrn in die ewige Glückseligkeit.«*

*»Was, is scho so weit?«, gab der Schmied retour. »Wenn's so is, dann nutzt a koa Jammern und Bitten. Aber oa Stünderl wenns d'ma no gibst, dann kann i des Grabkreuz no fertig schmieden. Es is ja für mi selber, und man soll ja im Friedhof auch derkenna, dass in dem Grab drunt der Schmied liegt. Schaug, da steht mei Birnbaum! Steig nauf und hol dir so vui Birn, wiast magst, und für dei Rapperl aa. I kann's ja eh nimmer braucha!«*

*Der Boandlkramer war froh, sein Geschäft war oft von Wehklagen, großem Unverständnis, ja, Widersetzlichkeit seiner Kundschaft geprägt. Der Schmied war da anders, nicht wehleidig, sondern regelrecht einsichtig. Und die Birnen hingen goldgelb und saftig am Baum. Auf die Stund kam es jetzt auch nicht an ... So ließ er sich auf den Handel ein und stieg hinauf in den Birnbaum.*

*Kaum saß der ungebetene Gast oben im Geäst, hielt der*

*Schmied in seiner Arbeit inne und setzte sich ganz gemütlich auf die Bank vor seinem Haus.*

*»Drobn bleibst, schauriger Kerl, du!«, flüsterte er halblaut zum Birnbaum hinüber. Seinen Birnenschnaps hatte er auch dabei, schenkte sich ganz ohne Zeitdruck ein Glaserl davon ein und prostete zum Boandlkramer hinüber.*

*»Auf die Gsundheit!«, rief er und leerte genussvoll das Stamperl.*

*»Gsundheit is nimmer wichtig. Des löst sich ois auf in der höheren Ebene. Was is jetzt? Bist mit deinem Kreuz fertig?«*

*»Des Kreuz is jetz a nimmer so eilig«, gab der Schmied zurück.*

*»Dann fahr ma glei!«, antwortete der Boandlkramer, denn irgendwie überkam ihn ein ungutes Gefühl.*

*»Steig hoit runter, Kamerad!«, erwiderte der Schmied und lachte dermaßen überlegen, dass dem Boandlkramer ganz anders wurde.*

Der ließ sich das nicht zweimal sagen, denn diesen Transport wollte er jetzt so schnell wie möglich zu Ende bringen. Irgendwas stimmte hier nicht.

Er versuchte, den Birnbaum hinunterzuklettern, aber sobald er auf einen Ast unter ihm stieg, sprang ein anderer Ast über seinem Kopf hinunter, pflanzte sich unter seinem Schuh am Stamm fest und dieser wuchs wieder in die Höhe. So sehr sich der Boandlkramer auch mühte, er kam dem Boden keinen Fuß näher. Auch die kleinen Zweige wucherten um ihn herum, hielten ihn fest. Immer dichter schloss sich das Gezweig.

»Ja, Hexenwerk – was is des?«, rief der Boandlkramer.

»Nix Hexenwerk, des is alles nur ein frommer Wunsch, der in Erfüllung geht!« Dem Schmied standen die Lachtränen in den Augen. »Wenn i des ned erlaub, kommst du nia nimmer obi. Zum Wohlsein!«

*»Aber mir pressiert's!«*
*»Aber mir net!«*
*So ging das Spiel gemächlich in den lauen Sommerabend über. Nur die Nachbarskinder wunderten sich, weil der Schmied auf der Bank saß, mit sich selber redete und immer wieder halblaut kicherte. Den Boandlkramer sahen sie natürlich nicht. Alte Leut sind halt oft sonderlich.*
*Als sich die Sommernacht schwarz wie Holundersaft über Rumpelbach gesenkt hatte, war der Ärger des Boandlkramers in ein Flehen übergegangen, wie er es sonst nur von seiner Kundschaft her kannte.*
*»Bittschön, lass mi nunter!«*
*»Sofort – unter einer Bedingung: Du kommst erst dann wieder und holst mi, wenn i di ruaf!«*
*»Des geht ned! I kriag die größten Schwierigkeiten!«*
*»Dann bleibst im Birnbaum drin bis dass d'verrost! Prost!«* *Jetzt erkannte der Boandlkramer, dass jeder Widerstand sinnlos war. Wohl oder übel willigte er ein, dass der Schmied den Zeitpunkt seines Todes von nun an selber bestimmen durfte. Der Handel wurde also beschlossen und der Schmied erlaubte dem Boandlkramer, aus seinem Birnbaumgefängnis zu steigen. Kleinlaut und geschlagen verschwand er aus Rumpelbach.*

*Die Tage vergingen, inzwischen war es Herbst geworden. In allen Farben des Feuers stand der Laubwald, der Schmied von Rumpelbach stand in der Schmiede und arbeitete an einer Eisenpfanne, die der Wirt in Auftrag gegeben hatte. Nicht weil seine Köchin zu wenig Pfannen besaß, es war mehr aus Mitleid mit dem Schmied. Dieser hatte ein wenig nachgelassen übers Jahr, klagte über Schmerzen im Kreuz und im Knie.*
*Plötzlich breitete sich ein schwefeliger Gestank in der Schmiede aus, überlagerte sogar den Brandgeruch des Feuers und wurde immer widerwärtiger. Wachsam blickte der Schmied umher. Da sah er zu seiner Verwunderung, dass sich eine Gestalt mitten im Schmiedefeuer zu formen schien. Das Wesen nahm nach*

*und nach einen festen Körper an, bis es lebendig vor ihm stand. Im krassen Gegensatz zu dem Geruch, der ihn umgab, war ein nobel aussehender Mann erschienen. Er war nach der neuesten Mode gekleidet, auf dem Kopf trug er einen grünen Jägerhut mit einer roten Feder. Den einen Fuß bekleidete ein eleganter Schuh, der zweite Fuß steckte in einem Beutel aus feinstem Kalbsleder, schien aber missgestaltet zu sein und ähnelte dem Huf eines Geißbocks.*

»*Alles was net droben im Himmel is, des ghört mir*«*, sprach die Gestalt.* »*Geh nur gleich mit, durchs Schmiedfeuer hindurch, dann nunter und immer weiter nunter, und dann samma schon da.*«

»*Wer bist nachad du?*«

»*Also bitte: Der Fürst der Finsternis bin ich, Monsieur Lefuet!*«[13]

»*Ein Franzos?*«

»*Überall bin ich daheim. Der Leibhaftige bin ich und du, du ghörst jetzt mir!*«

»*Geh, red doch keinen Schmarrn daher! Ein Kasperl bist, ein Maschkerer, ein verkleideter!*«

*Diese Respektlosigkeit ging dem Rotgefederten entschieden zu weit:* »*Der Teufel bin ich und Macht hab ich über dich, weil du überfällig bist. Selber schuld und jetzt gehst mit!*«

»*Wannst du der bist, der du mir angibst zu sein, dann muasst du mir des erst amoi beweisen!*«

*Die Eitelkeit siegte über die Vorsicht. Der Teufel ließ sich in seiner Arroganz vom Schmied provozieren, er begann sich sozusagen selber zu reiten:* »*Wenn's weiter nix ist! Ich nehme jede Gestalt an: jung, alt, groß, klein, wie hätt ma's denn gern?*«

»*Wenn du dich so kloa macha kannst, dass du in den Lauf von meim Stutzen neikriacha kannst, dann glaub ich's dir und geh mit!*«

»*Des hamma glei!*«*, rief der Gottseibeiuns, verwandelte sich im selben Moment in eine kleine Fliege, flog zur Wand und kroch in den Lauf des Gewehrs.*

---

[13] Ein Anagramm als Namensbezeichnung – hier rückwärts zu lesen.

»So, das war's und jetzt komm ich und hol dich!«, rief er aus dem Gewehrlauf.

»Drin bleibst, du brandiger Hund!«, raunte der Schmied beschwörend zum Stutzen hinüber.

Und so sehr der Teufel auch zerrte und zeterte, er konnte sich keinen Millimeter vor- oder zurückbewegen.

»Jetzt hoaz i dir ei!«, rief der Schmied von Rumpelbach, nahm das Gewehr von der Wand, trieb den Blasebalg an und hielt den Gewehrlauf ins Schmiedefeuer. Der Lauf glühte alsbald rot, der Schmied packte das Eisen mit der Zange, legte es auf den Amboss und drosch mit dem Hammer darauf ein, mit aller Kraft, die er hatte. Zuerst kam noch zorniges Brüllen aus dem Lauf, doch das wurde immer kläglicher und wehklagender:

»Aufhörn, bittschön aufhörn!«

»Wenn du versprichst, dass du dich nie mehr bei mir blicka lasst – dann hör i auf.«

In seiner Not blieb ihm nichts anderes übrig: Der Teufel willigte ein. Tief und unheilig versprach er, sich nie wieder beim Schmied sehen zu lassen, und so ließ der ihn aus dem glutheißen Eisen frei. Der Teufel floh ins Schmiedefeuer hinein und scheute fortan diesen Ort wie das allbekannte Weihwasser.

Der Herbst ging in die dunkle Zeit über, der Schmied war nicht mehr der alte, die Kraft ließ aus und sein Körper zeigte ihm alle Widerlichkeiten der fortgeschrittenen Jahre.

»Oid wern ist scho eine Zumutung«, sagte er zu der jungen Bedienung, als er frisch gebadet und im Sonntagsgwand wiederum am Thomasabend beim Wirt saß. Die Bedienung dachte gerade an ihren Zukünftigen und wie er wohl aussehen würde, heute Nacht im Traum. Deswegen hörte sie nicht, wie der Schmied kaum hörbar: »Boandlkramer, schau moi grad vorbei« vor sich hinmurmelte.

Im selben Moment wurde es wieder kalt, sogar ganz nah am Ofen, doch nur der Schmied spürte dies. Der Boandlkramer saß schon neben ihm auf der Bank und vor der Wirtschaft hörte der Schmied das Rapperl wiehern.

»Hast Zeitlang ghabt nach mir?«, fragte der Schwarze.
»Naa, naa, es is bloß aso!«
»Geh, du hast doch was?«
»Bloß a Auskunft brauch i, sonst nix!«
»Nur zua!«
»Sog amoi, Boandlkramer, wenn oam hier auf Erden was weh tuat, so richtig weh tuat, reißt und zwickt, tuat oam des drübn im Jenseits weiter weh?«
»Ah, des druckt di!« Der Boandlkramer lachte verständig. »Keine

Sorge, naa, überhaupts ned! Leid und Unwohlsein, Jammer und Pein vergehen sofort, sobald man durch die Pforten vom Paradies durch is. Das ist ja das Herrliche da drobn. Du bringst as nauf, erst san s' noch elendiger wia elendig, aber kaum san s' drin, fehlt eahna überhaupt nix mehr. Umanand hupfa teans wia Junge! Keine Schmerzen, keine Pein, kein Leid. Nur noch Harmonie und Glücksseligkeit.«

»Aber so vui Harmonie – is des net recht langweilig, so bis in alle Ewigkeit?«

»Keine Rose ohne Dornen«, erwiderte der Boandlkramer salomonisch.

»Guat, dann geh i hoit mit!«, sagte der Schmied von Rumpelbach. Scheinbar hatte er sich mit der Unausweichlichkeit seines irdischen Abgangs abgefunden.

»Und – ziagt's recht auf deim Karrn? Du woaßt ja, der Ischias plagt mi scho sehr.«

»Jetzt glaub mir hoit! So wia du mit mir gehst, spürst du die Kältn nimmer, net amoi an Fahrtwind! Ich leider schon, aber du net! Kein Gliederschmerz mehr, kein Wehdam, kein Reißmatheis[14]! Ein Transport ohne Kalamitäten, glaub mir's!«

»Ja«, sprach der Schmied, »dann brauch i mei Zipfelhaubn a nimmer!« Er nahm sie, hängte sie an einen Kleiderhaken, der etwas versteckt an der Holzvertäfelung angebracht war. Dann holte er ganz beiläufig einen leichten Hammer und einen schmiedeeisernen Nagel aus seiner Tasche und mit einem Schlag nagelte er seine Zipfelmütze an die Wand.

»Du bleibst da, mei wollerne Zipfelhaubn«, sprach er beschwörend.

»Spinna duast fei scho! Aber jetz pack mas, endgültig!«, sagt

---

[14] Reißmatheis (Lumboischialgie, Rückenbeinschmerz): Schmerzhafte Rückenverspannung und Gliederschmerz. Zur Therapie verwendet man das Wärmepflaster mit spanischem Pfeffer zum Auflegen, den Obstler zum Einnehmen und die Ofenbank zum Hinlegen.

der Boandlkramer, nahm den Schmied bei der Hand und führte ihn hinaus zu seinem windigen Karren.

In der Zeitung stand, dass der Schmied von Rumpelbach beim Wirt von einem Schlagerl gestreift wurde und friedlich entschlafen sei. All dies nach einem arbeitsreichen Leben und nicht einmal seine letzte Halbe konnte er noch austrinken. Das schmiedeeiserne Kreuz, das aus einem Birnbaum herauszuwachsen scheint, schmückt sein Grab und zeugt von der Handwerkskunst des Verstorbenen.

Doch seit dieser Nacht geschehen manchmal seltsame Dinge beim Wirt von Rumpelbach: Da steht oft ein Bierglasl mehr auf dem Tisch als Gäste herumsitzen und keiner weiß, wer es hingestellt hat und wem es gehört. Wenn von den Schafkopfern einer *aufs Häusl muss, dann werden die Karten wie von Geisterhand gemischt, gegeben und das Blatt schwebt in der Luft. Auch die Zeitung, welche die Bedienung grad auf den Haken gehängt hat, liegt plötzlich wieder ausgebreitet auf dem Tisch. Auf die Zipfelhaubn, die irgendein Gast am Haken hat hängen lassen, achtet eh niemand.*

*Solche Vorkommnisse geschehen nicht immer, aber gehäuft in der staaden Zeit, wenn's draußen dunkel ist und kalt, und im Ofen hinter der Wirtshausbank wohltuend das Feuer brennt. Ob der Geist vom Schmied von Rumpelbach immer dann, wenn es ihm in der ewigen Glückseligkeit zu fad wird, zur irdischen Glückseligkeit auf der Ofenbank in der Wirtschaft zurückkehrt, wer weiß ...*

## BOANDLKRAMERS LIED

*Jeder kennt mi, jeder scheucht mi*
*Koana nennt mi, jeda schleicht si*
*Hei! Ho!*
*Wenn amoi mei Nama foit*
*Werd rundum die Luft so koit*
*Hei! Ho!*

*Wann i komm, is glei a Ruah*
*I mach euch die Augn zua*
*Aus is, z'End is, einfach wahr is*
*D'Uhr bleibt steh, vorbei und gar is*
*Hei! Ho!*

*Bindl, Bandl, Boandlkram*
*Hoaßns mi, so is mei Nam*
*Bindl, Bandl, Boandlkram*
*Wann I do bin, pack ma zsamm.*

*Fahr i nunter, bin i laar*
*Fahr i nauf, na ziang ma schwar*
*Ziag mei Rapperl, wissta ho*
*Koana laaft uns je davo.*

*Horch was is des für a Wind*
*Schaug nur wia des Lebn verrinnt*
*Hei! Ho!*
*Gar is mit dem Erdenjammer*
*I bins grad, da Boandlkramer*
*Hei! Ho!*

*Sünder bist du schon bereit*
*Für die Roas in d'Ewigkeit*
*I verlang grad von an jedn*
*Koan Strich mehr ois wia sei Leben*
*Hei! Ho!*

*Bindl, Bandl, Boandlkram*
*Hoaßns mi, so is mei Nam*
*Bindl, Bandl, Boandlkram*
*Wann I do bin, pack ma zamm.*

## HÜTTENBUCH, ZILLERTAL,
## 24. DEZEMBER 1983

eiligabend auf dem Bergbauernhof. Wir gehen mit den Kindern in den Wald und schneiden dort einen kleinen Baum, mit Erlaubnis des Bauern. Der Christbaum wird mit allem geschmückt, was wir im und ums Haus finden: Tannenzapfen, Sterne aus Stroh ... Kerzen haben wir dabei.

Das rostbraune Fahrzeug des Altbauern gräbt sich mit Schneeketten durch den Neuschnee zu uns herauf. Er ist besorgt, die erste von fünf trächtigen Kühen wird heute Nacht kalben.

Zur Weihnacht gibt es für die Kühe ein besonderes Futter, einen Leckerbissen! Man hat für diesen Festtag von der schönsten Bergwiese das Heu der ersten Mahd aufgehoben: »Das seind nur die beschten Kräuter. Das ist Sommergras, voller Kraft, reine Medizin!«

In der Nacht ist es soweit: Die Kinder stehen im Schlafanzug und mit Gummistiefeln im Stall. Die Kuh brüllt. Der Bauer hat um sie herum alles mit frischem Stroh ausgelegt. Ein winziger Huf erscheint. Der Bauer bindet einen Strick darum, stemmt sich mit dem Stiefel am Hinterteil der Kuh ab. Alle ziehen mit. Unter dem Brüllen der Mutterkuh gleitet das Kalb, von der glitschigen Käseschmiere bedeckt, aus dem Geburtskanal. Das Kälbchen bekommt den Namen eines unserer Kinder: Franzi. Schon bald steht es staksig auf, wird ans Euter der Mutterkuh geleitet und zum Trinken angeregt. Der Bauer verspricht, die nächsten Kälber nach den anderen Kindern zu benennen. Die Kinder beschließen, ab jetzt im Stall zu schlafen, auf den Strohballen, damit dem Kalb nichts passiert.

Der Nachbar hat ein paar Garben mit vielen Körnern auf die Bäume im Garten gebunden: »Für die Vögel, die solln auch wissen, dass Weihnachten ist.«

Vom Tal herauf sind die Glocken zu vernehmen. Über uns steht ein unermesslicher Sternenhimmel. Jetzt träumt auch der größte Zweifler davon, wie schön es wäre, durch den frischen Schnee mit Fackeln hinunter zur Christmette zu gehen.

## HEILIGABEND – CHRISTNACHT
## ODER ZWEITE RAUNACHT

Die zweite Raunacht ist die Christnacht. In dieser heiligen Nacht rüttelt der Wind die Bäume ganz tief, damit sie fruchtbar werden und übers Jahr viel Obst tragen. Kein Sägen und Hämmern ist erlaubt, damit das Christkind nicht aufwacht.

*n dieser Zeit, da die Arbeiten im Freien ruhen und der Bauer mit seiner Tätigkeit ganz ans Haus gewiesen ist, hat seine Seele wieder Zeit, ihre Flügel zu entfalten.*

Am letzten Arbeitstag vor Heiligabend »schneiden die Knechte den Heiligen Abend«, das heißt, sie schleifen sämtliche Messer und Scheren im Haus. Denn die Weihnachtsschneid ist gut gegen Hagelschlag.

In manchen Gegenden der Ostalpen treibt in der Christnacht der Ohneweigl sein Unwesen. Dieses gefürchtete Gespenst in den Bergen schreckt den einsamen Wanderer, setzt sich ihm auf die Brust und drückt ihn so lange, bis er vor Ermüdung niederfällt.

Auch Werwölfe wurden schon gesichtet. Diese sind tagsüber ganz normale Menschen, in der Nacht verwandeln sie sich in ihre andere Gestalt und der Wolfshunger kommt in aller Macht über sie.

*»Auf dem Weg zwischen Wolfsteig und Gwingasteig nach Lenggries hinüber fand einmal ein Holzknecht den Aufbruch von einem Tier. Ein Vielfraß, wie er war, verschlang er ihn roh. Es war aber das Eingeweide eines Wolfes, der kurz vorher dort erlegt worden war. Deshalb überfiel ihn ein wilder*

*Wolfshunger, der ihn wochenlang quälte, bis er eines elenden Todes starb.«*[15]

Aber auch die Strickholden, das sind Geister in Weibergestalt, halten ihre Versammlungen oder Tanzabende auf manchen Bergen ab. Wenn man ein Sonntagskind ist, kann man sie sehen und erkennen.

In der Christnacht, während der Mette, stellt sich der Teufel gerne auf einem Kreuzweg ein, um dort mit den Vorbeigehenden, welche mutig genug sind, ein gefährliches Spiel, genannt »Fornichsamborsen«, zu treiben. Der Teufel zieht dabei einen Kreis, in welchen die Teilnehmer mit einem Fuße hineinsteigen müssen, während der andere außerhalb bleibt. Sobald der Fuß im Kreis steht, sehen die Beschwörer feurige Lufterscheinungen auf ihre Köpfe herabstürzen: Mühlsteine, brennende Heuwägen und dergleichen. Wehe demjenigen, der einen Fuß dabei verrückt, um der scheinbaren Gefahr zu entgehen, denn augenblicklich holt ihn der Teufel! Die anderen aber, welche die Probe bestehen, kommen zu Reichtum.

Viele Sagen und Geschichten aus dem Alpenraum, die von der Christnacht handeln, erzählen eine abgewandelte Form der Herbergssuche:

Eine Frau mit einem Kind sucht zum Schutz vor Kälte und Hunger in einem Dorf ein Obdach für die Nacht. Die geizigen und oft reichen Bewohner weisen sie von der Schwelle und jagen sie hinaus in den eiskalten Wald. In der Nacht darauf kommt ein furchtbares Strafgericht über diese Geizkrägen: Bäche und Flüsse treten über die Ufer und vernichten das Dorf, es wird von einer strafenden Lawine verschüttet oder versinkt unter ewigem Eis.

Ein weiteres Sagenmotiv ist der verschwenderische Umgang mit Lebensmitteln. Das Wegschütten von Milch, das Schnitzen

---

[15] Quelle: Schmidt, Willbald: *Sagen aus dem Isarwinkel*. Bad Tölz 1936, 1979. (Zitat-Quelle: www.sagen.at)

*von Kegeln aus Käse taucht immer wieder auf. Viele Geschichten erzählen aber auch von einem versöhnlichen Auskommen von Mensch und Natur, von der Hoffnung auf ein fruchtbares Jahr und von Achtsamkeit, Demut und Gastfreundschaft.*

*Jetzt gibt es das* Kletzenbrot, *ein Weihnachtsgebäck, für dessen Herstellung getrocknete Früchte mit Brotteig vermengt werden. Es ist ein Überbleibsel des alten, vorchristlichen Opferkuchens für die Dämonen in der Zeit des winterlichen Obst- und Honigvorrats.*

*Und so schmeckt es auch manchmal.*

# REZEPT FÜR EIN KLETZENBROT

Für ein 1 kg Kletzenbrot braucht man folgende Zutaten:

*Für die Früchtemasse:*
*500 g Kletzen (Dörrbirnen)*
*150 g Dörrzwetschgen, aufgekocht und entsteint*
*150 g Feigen*
*150 g Weinberl (Rosinen)*
*100 g Walnusskerne*
*Gewürzt wird mit Nelken, Piment, Zimt, Anis*

**Für den Brotteig:**

*200 g Roggenmehl*
*200 g Weizenmehl*
*etwas Salz*
*wenig Hefe*
*Sauerteig*
*Wasser*
*Kümmel und Koriander*

*Man braucht so viel Brotteig, dass man davon etwas in die Früchtemasse mischen und diese mit dem übrigen Teig umhüllen kann.*

**So macht man den Brotteig:**

*Das gesamte, leicht gesalzene Mehl in eine große Schüssel geben, in der Mitte eine kleine Mulde machen und darin etwas Mehl, Hefe und Sauerteig mit lauwarmem Wasser anrühren. Nach einer Stunde ist das Dampferl aufgegangen. Es wird mit dem übrigen Mehl vermengt und mit der entsprechenden Menge Wasser zum Brotteig verarbeitet. Man darf nur so viel Wasser* verwenden, wie das Mehl annimmt, damit daraus ein fester Brotteig wird. Den lässt man anschließend noch eine halbe Stunde ruhen. Dann walkt man ihn durch.

Kletzen und Dörrzwetschgen werden durch den Wolf gedreht. Feigen, Weinberl und Walnusskerne streut man in die Masse und arbeitet sie zusammen mit den Gewürzen ein. Unter die Früchtemasse mischt man ungefähr 200 g vom Brotteig und vermengt alles miteinander. Jetzt formt man das Ganze zu einem Laib.

Den Laib aus der Früchtemasse setzt man auf den ausgerollten Teig und wickelt diesen außen herum. Im Backofen wird alles bei 200°C ein- bis eineinhalb Stunden gebacken, bis am Ende die Früchtemasse umhüllt ist von einer knusprigen Brotkruste.

## WANN'S HEUER A KLETZENBROT GEIT

*Wann's heuer a Kletznbrot geit, ja geit,*
*ham d'Nachbarsbuam wieder an Neid.*

*Ham s' wieder an Neid dass, eahna*
*d'Augn aussadraht,*
*wiara eingsperrter Hahn,*
*der den ganzn Tag kraht.*

*Wann's heuer a Kletznbrot geit, ja geit,*
*ham d'Nachbarsbuam wieder an Neid.*

❖

*Wann's heuer a Schweinsbratl geit, ja geit,*
*ham d'Nachbarsbuam wieder an Neid.*

*»I kunnts net daleidn,*
*die schmalzige Kost!*
*Bei uns is die Bratlpfann*
*allweil verrost.«*

*Wann's heuer a Schweinsbratl geit, ja geit,*
*ham d'Nachbarsbuam wieder an Neid.*

*Wann's heuer an Branntlwein geit, ja geit,*
*ham d'Nachbarsbuam wieder an Neid.*

*»Mir holn uns was z'trinka*
*draußd von unsam Brunn.*
*Vom Branntlwein-Saufa*
*da wird ma bloß dumm!«*

*Wanns heuer an Branntlwein geit, ja geit,*
*ham d'Nachbarsbuam wieder an Neid.*

❋

*Wann's heuer a Klöpfelnacht geit, ja geit,*
*Ham d'Nachbarsbuam endlich a Freid.*

*Die Muatta, die schenkt eahna*
*Nussn und Birn.*
*Und lasst sie vom Kletzenbrot*
*aa no probiern.*

*Wanns heuer zur Klöpfelnacht geit, ja geit,*
*Ham d'Nachbarsbuam endlich a Freid.*

## VON DEN SPRECHENDEN OCHSEN UND RÖSSERN

Nicht nur die Menschen lassen es sich in diesen Tagen gut gehen, auch das Vieh darf an der Weihnacht teilhaben: Ihm wird frisches Futter in die Krippe geschüttet, darunter eine besondere Mischung von Wacholder, Weihrauch und Kräutern. Das soll ihm für das neue Jahr Gesundheit und Gedeihen sichern. Und, so erzählt man, sollen die Tiere in der Christnacht mit menschlicher Stimme sprechen und sogar weissagen!

*er Bauer und die Bäuerin blieben von der Mette daheim. Der Bauer war neugierig, darum schlich er hinaus in den Stall und legte sich unter den Futterbarren. Da hörte er, wie um Mitternacht ein Ochse sagte: »Im Sommer wird sich unser Bauer beim Krautessen erwürgen.« Der zweite Ochse fügte bei: »Und wir zwei werden ihn zum Friedhof ziehn!«*

*Erschrocken über die Vorhersage ging der Bauer in die Stube und erzählte es der Bäuerin. Er musste ihr versprechen, nie mehr einen Löffel Kraut zu essen. Im Sommer darauf aber vergaß er das Versprechen, schon beim ersten Löffel Kraut verschluckte er sich und erstickte.*

*Als die beiden Ochsen den schweren Wagen mit dem Sarg darauf zum Gottesacker zogen, da nickten sie sich bestätigend zu.*

*Ein andermal horchte ein Knecht in der Mettennacht im Stall und erlauschte, wie ein Ross zum anderen sagte: »Am Silvestertag werden die Hausleute eine Hühnersuppn essen, da wird sich der Bauer beim dritten Löffel an einem Hühnerknochen erwürgen.«*

*Als am Silvestertag eine Hühnersuppn auf den Tisch kam, passte der Knecht auf und schlug dem Bauer den dritten Löffel aus der Hand. Er sah genau nach und wirklich fand er darin ein spitzes*

*Beindl. Durch sein genaues Hinhören in der Mettennacht hatte er wohl dem Bauer das Leben gerettet.*

*Ein anderer Bauernknecht, dem diese Begebenheit zu Ohren gekommen war, wollte ebenfalls in der Mettennacht die Ochsen im Stall belauschen. Er lag versteckt im Heu und wartete auf Mitternacht. Als die Glocke herüberklang, plagte ihn der Durst so sehr, dass er sich nicht mehr zu helfen wusste. Er beugte sich zur Futtertränke, in der Wasser war. In diesem Augenblick schlug die Uhr zwölf und das Wasser in der Krippe ward Wein. Der Knecht tat sich so gütlich daran, dass er nicht einmal die Ochsen mehr reden hörte.*

*Er selbst, so heißt es, sei bis zum nächsten Mittag nicht ansprechbar gewesen.*

## UNGEZIEFER BANNEN

ngeziefer kann durch Zauber in der Christnacht vertrieben werden. Während des ersten Läutens zur Christmette geht der Hausherr mit einer Rute vom Weißhaselbaum dreimal um Haus und Hof, klopft an drei Ecken mit der Rute an und spricht:

> Mäuse und Ratzen, Käfer und Wanzen,
> gehts mit mir zur Mettn tanzen.

Nach dieser Beschwörung verlässt das Ungeziefer durch die freie Ecke das Anwesen.

Der Hausbichler Jörg, der ein rechter Computernarr ist, sagt, dass die Weißhaselruten sogar die Viren aus dem Internet vertreiben helfen.

## DIE BEIDEN WILDSCHÜTZEN

s war an einem heiligen Christabend, als zwei Wildschützen aus Eben im Achental verabredeten, auf die Jagd ins Sonnwendgebirge zu gehen, um dort einen Spielhahn zu schießen. Eine Spielhahnfeder auf dem Hut zu tragen und damit auf dem Tanzboden den Madeln zu imponieren, dieser Wunsch war ihnen das Risiko und die Gefahr wert. Lange schon hatten sie erkundet, auf welcher Lichtung der Spielhahn steht, seine Schwingen aufstellt, zu tanzen beginnt und sein »Diggi-daggi-dag« in die klare Winterluft ruft.

Natürlich mussten beide Obacht geben, um bei der streng verfolgten Wilderei nicht dem Jäger zu begegnen. Genau deshalb legten sie ihre heimliche Pirsch auf den Morgen des Christtages. Sie wussten nämlich, dass der Jäger da zuerst in die Morgenmesse ging und anschließend mit dem Förster im Wirtshaus zur »Krüglmesse«, also zum Frühschoppen, verabredet war. Das war also der richtige Zeitpunkt für die heimliche Pirsch.

So stiegen sie bergan, jeder einen anderen Weg und zu einer anderen Zeit.

Der eine Wildschütz schlich sich schon in der Dämmerung des Vorabends aus dem Haus und auf den Berg, denn er wollte auf jener Alm, die als Sammelplatz verabredet war, die Nacht verbringen. Droben angekommen schürte er ein kräftiges Feuer an, schnitt sich ein Stück Speck und Brot ab und trank noch einen Schnaps hinterher. Wohlig und satt legte er sich auf die Ofenbank in der Kaser[16], streckte sich aus und schlief auch bald ein.

Da, genau um Mitternacht, weckte ihn ein schrecklicher Lärm, die Tür ging krachend auf und ein wilder schwarzer Stier mit glühenden Augen sprang herein. Der Wilderer fuhr hoch, versuchte

---

[16] Almhütte, auf der Käse hergestellt wird.

der Bestie auszuweichen, sie mit einem vorgehaltenen Tischtuch zu verwirren und von sich abzuhalten. In seiner großen Angst stieß er Verwünschungen, Flüche und Gebete aus. Er mochte sich bekreuzigen, so viel er wollte, es nützte nichts! Der Stier stieß ihn so lange mit seinen Hörnern in der Stubn herum, bis er wie tot liegen blieb. Erst dann verschwand das Biest – wie der Wildschütz noch zu erkennen glaubte – durch den Rauchfang hinaus.

Am Morgen erwachte er wie aus einem Fiebertraum, alle Knochen schmerzten ihn und er konnte sich kaum mehr rühren. Da hörte er draußen vor der Hüttentüre seinen Kameraden, den anderen Wilderer, ächzen und jammern. Mit den Fingernägeln kratzte der am Türstock und bat flehentlich um Einlass. Der Schütz in der Hütte brauchte fast eine Stunde, um auf allen vieren von der Ofenbank bis zur Türe zu kriechen und diese zu öffnen.

Der Zustand des anderen aber war nicht günstiger als sein eigener: Blutig, zerschlagen und arg zerschunden sah er ihn in die Kaser kriechen. So lagen sie jammernd beisammen und mit Mühe erzählte der Dazugekommene sein Erlebnis.

Er war im Morgengrauen aufgebrochen und den Pfad auf den Berg hinaufgestiegen, den er wohl Hunderte Mal schon gegangen war, gegen das Alptal hinein. Wie er schon fast sicher war, an Ort und Stelle zu sein, fand er sich plötzlich in ganz unbekannter Gegend wieder. Die Bäume waren verdorrt und standen wie abgebrannte Pfähle in den Himmel, es roch nach Moder und Verwesung und die Sonne konnte kaum den gelben Nebel allumher durchdringen.

Der Bursch glaubte zuerst, auf eine Irrwurzel[17] getreten zu sein, und strengte sich an, den rechten Pfad wiederzufinden. Plötzlich nahm die Landschaft eine bleierne Farbe an, eiskalter Wind kam

---

[17] Irrwurzel: Irrwurzeln oder Irrwurzen (Radices errantes) kommen an Samerberg und Hochries, in den Berchtesgadenern und im Brixental vor. Die Irrwurzel wirkt, wenn man aus Unachtsamkeit versehentlich auf sie tritt und führt zu tagelangem Umherirren.

auf, schwefelgelb und schauerlich leuchteten die Berggipfel, von denen er keinen einzigen je zuvor gesehen hatte. Zugleich sah er drei grüne Jäger daherkommen, auf dem Kopf trugen sie Hüte mit feuerroten Spielhahnfedern. Jedem hing ein langmächtiger Schweif hinten aus der Hose heraus, und mit ihren Geißfüßen schlugen sie laut klackend auf die Felsplatten auf. So rückten sie immer näher auf ihn zu. Da fing er wohl zum Kreuzmachen und Johannissegenbeten an, aber vergebens, er hatte keine Messe gehört und keinen Weihbrunnsegen genommen. Deshalb fassten ihn die grünen Jäger, schlugen ihn und stießen mit den Hörnern auf ihn los. Mit lautem Meckern warfen sie ihn hoch in die Luft, von wo er zu Boden fiel und auf hartem Fels aufschlug. Die Teufel aber gingen mit einem Höllengelächter davon und der schwer malträtierte Wilddieb blieb lange ohnmächtig liegen.

    Zum Überfluss kam noch ein Höllenwetter über ihn. Es hagelte ihm noch mehr Beulen zu den anderen ins Gesicht, bis ihn Schneeflocken gnädig zudeckten. Der kalte Schnee brachte ihn wieder zu Bewusstsein und jetzt sah er staunend, dass er direkt neben der Kaserhütten lag. Er rieb sich die Augen und wusste

*nicht, träumte er oder war er verhext, doch die Schmerzen erinnerten ihn an das, was geschehen war und so kroch er zur Hütte hin.*

*Die Wilderer konnten sich selber nicht mehr helfen und aus eigener Kraft absteigen. Sie wären verhungert, wenn nicht ein Knecht des Bauern, dem die Alm gehörte, heraufgekommen wäre, um Winterheu hinunterzuführen. Er legte die Verletzten auf den Schlitten und brachte so die beiden ins Tal. Dort wurden sie heimgetragen und lagen noch lange krank darnieder.*

*Seit diesem furchtbaren Erlebnis gingen die Schützen an keinem Feiertag mehr wildern, ohne zuvor den Gottesdienst besucht zu haben. Wenn sie einmal ganz früh losmussten, las ihnen der Pfarrer eine extrige Frühmesse gegen einen entsprechenden Anteil am Wildbret.*

# DAS VENEDIGERMANDL
## MACHT DIE RÄUBER GFROREN

Viele Sagen erzählen vom Bergbau, von Gold, Silber und Bergkristallen, die in den Alpen geschürft wurden. Diese Schätze wurden von den Venedigermandln[18] ausgegraben. So nannte man die kaum beinlangen Bergkobolde, die sich überall dort einfanden, wo der Berg Erzadern führt oder wo ein Schatz verborgen liegt.

Wenn zum Beispiel die Enzianwurzelgraber von den Schnapsbrennhütten im Watzmanngebiet mit dem Spaten in die Erde stachen, hörten sie mitunter ein kläglich Schreien. Dann hatten sie einen »Venediger« verletzt, den Hüter von Erzadern und verborgenen Edelsteinen. Über welche außergewöhnliche Fähigkeiten ein Venedigermandl sonst noch verfügte, das erzählt eine Sage aus dem Samtal bei Bozen.

*nter dem Schloss Wangen, auf der Abdachung gegen die Talfer zu, lag einst ein einsamer Hof in unheimlicher und unsicherer Gegend. Es war Christabend und die Bewohner des Gehöfts wollten die Mette in der Kirche zu Wangen nicht versäumen. Bevor sie aber gingen, suchten sie alles Wertvolle zu verbergen, denn es trieben sich allerlei Gesindel, Räuber und marodierende Soldaten in der Gegend herum. Ihr Hab und Gut versteckten sie deshalb teils im Keller, teils unterm Holz, und das Beste trugen sie mit sich hinunter. Über diesem Bemühen kam ein alter, armer Mann daher, der bat flehentlich um Herberge über Nacht, denn er könne nicht weiter, aber ihm wurde freundlich erwidert:*

---

[18] Quelle: Alpenburg, Johann Nepomuk Ritter von (Hrsg.): *Deutsche Alpensagen*. Wien 1861. Nr. 292.

»Mandl, hier kannst heint nit bleiben, denn allemal in der Christnacht führt der Teufel Spitzbuben ins Haus, die alles ausrauben und dich täten sie gleich totschlagen, wie sie es schon einmal mit einem getan haben, der dabliebn ischt, um das Haus zu bewohnen.«

»Oh, mir nehmen sie nix, lasst mich doch bleiben!«, entgegnete das graue Mandl. Da gaben ihm die Leute zu essen und zu trinken, ließen ihm ein Licht, wiesen ihm die Schlafstätte über dem Ofen an und wünschten ihm eine wohlschlafende Nacht. Daraufhin verließen sie das Haus und schlugen mit brennenden Fackeln den Kirchgang ein.

Das alte Männlein aß, trank und legte sich schlafen. Da, um Mitternacht, lärmten mit einem Mal Fäuste an Tür und Fensterläden und raue Stimmen brüllten:

»Aufmachen! Aufmachen, sonst zünden wir Euch das Dach überm Kopf an!«

»Warts nur ab, was passiert«, murmelte der Schlafgast in seinen Bart, stieg von seiner Lagerstatt herunter, nahm das Licht in die Hand und öffnete die schwer verriegelte Haustür. Da drangen finstere bewaffnete Gesellen herein, schauten sich um, lachten über den Alten und hatten schon den Glanz der zu raubenden Geldstücke in den Augen.

Der Alte aber hob warnend und schweigend den Zeigefinger. Mit durchdringendem Blick sah er die Räuber an und schritt rückwärts in die Stube hinein. Jene folgten, von der unerklärlichen Kraft des Alten befangen, ihm nach. Sie mussten folgen, denn ihre Beine gehorchten ihnen nicht mehr, die gingen ganz von sich aus zu dem Platz, wohin sie befohlen wurden. Als dann alle in der Stube vor dem Ofen standen, erhob jener wieder den Finger, beschrieb ein Zeichen in der Luft und rief:

»Achtung! Stellt euch! Richtet euch! Augen grad aus!« wie ein Heerführer und siehe, sie gehorchten, mussten gehorchen, lautlos, Automaten gleich.

»Geruhsame Nacht!«, sprach spottend das Männlein, kletterte wieder auf sein warmes Lager hinauf, legte sich, streckte sich, schlief ein und schnarchte voll Herzenslust, während die anderen lebend und doch wie versteinert dastanden. Das Venedigermandl, denn ein solches war der Alte, hatte sie mit seiner Kunst »gfrorn gmacht«.

*Als der Morgen graute, kehrten die Bewohner des Hauses aus dem Tal zurück und erschraken nicht wenig, als sie die Reihe der Räuber sahen. Das Mandl aber stieg vom Ofen herab, bot guten Morgen und sprach:*

*»Da habt ihr die Spitzbuben, tut nun mit ihnen, was ihr wollt, bindet sie und überliefert sie dem Gericht und dem Strang, oder lasst sie laufen! Wiederkommen werden sie nicht.«*

*Die Leute berieten sich, was sie tun sollten, und entschieden, diese Räuber als »große Räuber« anzusehen und folglich laufen zu lassen, heißt doch ein altes Sprichwort »Die Großen lässt man laufen«.*

*Daraufhin machte der Alte wiederum ein Zeichen in die Luft und löste den Bann über die Spitzbuben. Heilfroh enteilten die Losgesprochenen und kamen in der Tat niemals wieder. Sie hatten so viel Angst erlitten, dass sie schon zitterten und mit den Zähnen klapperten, wenn sie nur an die Gegend von Wangen dachten.*

*Das Venedigermandl aber wurde erst noch herrlich bewirtet und dann mit Dank und Segenswünschen entlassen.*

## DAS TANZENDE GERÄUCHERTE

 ie Bäuerin, deren Mann nach seinem Losgang schon vor zwei Jahren gestorben war, hielt mit ihrem jungen Ehemann in der guten Stube einen Tanz, obwohl es Christnacht war. Plötzlich schwebte zur Tür ein Rankerl Gräuchertes herein und vom Fenster her erschien ein Totenkopf. Das Gräucherte und der Totenkopf begannen ebenfalls miteinander zu tanzen. Immer mehr Totenköpfe und Gräuchertes tanzten in der Stube und die junge Bäuerin brachte sie nicht hinaus. Erst als die Mette vorüber war, verschwanden sie.

Die junge Bäuerin soll durch das Erlebnis eine ganz strenge Veganerin geworden sein.

### Worauf man achten muss

*Kein Wäschestück darf am Heiligen Abend zum Trocknen hängen bleiben, weil sich sonst die* Wilde Jagd *das Leinen holt und es als Totenhemd unterm Jahr wiederbringt.*

# DIE REISE NACH BETLEHEM
# AUS SCHMUGGLERSICHT

In den grenznahen Gebieten Bayerns konnte sich die arme Bevölkerung durch Schmuggel von diversen Waren mitunter ein kleines Zubrot verdienen. Geschmuggelt wurde alles, was auf der anderen Seite der Grenze mit Gewinn zu verkaufen war, weil es dort mit Einfuhrzöllen oder höheren Steuern belegt war. Der Schmuggel ging hin und her, oft waren es nur Dinge des täglichen Gebrauchs wie Eisennägel, Petroleum und Saccharin als Zuckerersatz. Dabei war es, wie so häufig: Die kleinen Schmuggler trugen das Risiko von Geldstrafen und Verhaftung, die Grossisten strichen die Gewinne ein.[19]

Im Bayerischen Wald nennt man das Schmuggeln auch »Schwirzen« oder »Paschen«. Eine besondere Berühmtheit erlangten dort die Schwirzer aus dem Pascherwinkl. Sie schmuggelten sogar Ochsen auf geheimen Wegen über die Grenze. Aber auch an der bayerisch-tirolerischen Grenze gab es einen regen Schwarzhandel. Gerade in der Vorweihnachtszeit wurde bis in die Zeit nach dem Zweiten Weltkrieg Butter und ein achtzigprozentiger Rum für die Weihnachtsbäckerei über die Grenze geschafft. Auch Tabak und Schnupftabak gehörten zu den Genussmitteln, die in größeren Mengen schwarz die Grenze passierten. Damit auch eine himmlische Rechtfertigung und ein Segen über dem obrigkeitswidrigen Gewerbe lag, soll in den grenznahen Gebieten eine ganz eigene Auslegung der Weihnachtsgeschichte kursiert sein. Diese »Pascherversion« von der Heiligen Familie soll sogar als Vorlage für Krippenspiele gedient haben.

---

[19] Nach ähnlichen Erzählungen aus Schleching (Tiroler Grenze) und Finsterau (Böhmische Grenze).

aria und Josef waren auf dem Weg hinüber nach Betlehem. Maria trug das Jesuskind unter dem Herzen und es war bald an der Zeit. Auf Josefs Stirn zeigten sich schwere Sorgenfalten. Um diese grauen Geister zu vertreiben, hatte er seine Tabakspfeife dabei, wenn sie ab und zu eine Rast einlegten, zündete er sie an und gönnte sich so ein wenig Entspannung. Er hatte auch etwas mehr Tabak bei sich, als er selbst verbrauchen konnte, denn er hoffte, diesen als »Notgroschen« drüben in der Stadt verkaufen zu können.

So gelangte die Heilige Familie am späten Abend an die Stadtgrenze von Betlehem. Diese wurde von den Römern gut bewacht. Ein junger Limatineus, so hießen die Grenzsoldaten, war vom hohen Norden des Weltreichs hierher in die Wüste versetzt worden. Er hoffte, durch übermäßigen Diensteifer so viele Belobigungen zu erhalten, dass er aus der steinigen Wüste Kanaan baldmöglich wieder in sein zivilisiertes, fruchtbares und weinreiches Heimatland zurückgeschickt würde. Als sich Maria und Josef der Grenze näherten, stieg die Hoffnung in ihm auf, er könne hier einen bedeutenden Fall von Schmuggel aufdecken.

»Halt! Stehenbleiben! Römische Zollkontrolle!«, rief er amtlich barsch und ließ den Schlagbaum fallen. Josef wurde es heiß und kalt, er wollte sich gar nicht vorstellen, was passierte, wenn er jetzt wegen Schmuggelei festgenommen würde und Maria in ihrem Zustand den beschwerlichen Weg alleine weitergehen müsste. Die Mitleidlosigkeit, der Ruach[20] und das Misstrauen gegen Fremde, die in Betlehem herrschten, waren weithin bekannt. Aber ein Blick auf Marias Gesicht, das so viel Ruhe und Zuversicht ausstrahlte, beruhigte Josef wieder.

---

[20] Ruach: Geizhals, männlich oder weiblich. Als »Ruach« im nicht personalisierten Sinne gelten auch die Raffgier, Habgier, das »Nicht-Teilen-Können«. Die Habgier gilt als eine der Todsünden – zurecht. Begleitende Psychosomatik beim Ruach: gelbliche Gesichtsfärbung, unsteter Blick, häufige schmerzhafte Magenverstimmungen, Angst vor Verarmung trotz gesicherter Verhältnisse.

»Führt ihr zollpflichtige Waren ein?«, insistierte der misstrauische Römer.

Mit einer heimlichen Bewegung schob Josef die gefüllten Tabaksbeutel nach hinten unter seinen wollenen Umhang, setzte ein unbeteiligtes Gesicht auf und antwortete:

»Nichts zum Verzollen, Herr! Bittschön lassen Sie uns hinüber, die Frau ist in der Hoffnung und es wird schon bald so weit sein.«

»Das Spiel kenne ich schon«, antwortete der Zöllner. »Was meinst Du, wie viele Frauen hier hochschwanger über die Grenze gegangen sind und ein paar Stunden später sind sie rank und schlank wieder retour gekommen. Ich weiß doch, was läuft!«

Leise strich sich Maria über den gewölbten Leib und flüsterte: »Bittschön, machts zu ihr beiden, es ist bald so weit!«

Doch der ehrgeizige Grenzwächter ließ sich nicht abhalten: »Zuerst die Formalitäten. Haben sie Waren anzumelden?«

Halblaut antwortete Josef: »Nein! Gar nichts!«

Da griff der Zöllner, dem die heimliche Bewegung von Josef nicht entgangen war, unter dessen Umhang. Triumphierend zog er die ledernen Beutel hervor: »Und? Was ist das? Das sind doch Tabakbeutel!«

Dem Josef zitterten die Knie, umso mehr als Maria halblaut sprach: »Wir müssen weiter! Wir haben ja noch keine Herberge und es ist schon Nacht!«

»Was da drin ist, will ich wissen!«

Josef blieb in seiner Verzweiflung nur eine Notlüge und so antwortete er: »Es is grad ... a Kamillentee, für d'Maria, weil sie bald stillen muss und viel, viel trinken!«

»Ausrede! Das kenne ich schon! Aufmachen!«

In diesem Augenblick höchster Not und Bedrängnis flog ein Engel vorbei! Silbern erglänzte das steinige Kanaan im Mondenschein, wie verwandelt war die Nacht. Der Zöllner griff in den Beutel, hielt sich eine Probe des Inhalts unter die Nase und roch daran: »Tatsächlich, das ist ja wirklich Kamillentee!«

Der starke Tabak hatte sich durch das Wunder, das der Engel gewirkt hatte, in unschuldigen Kamillentee verwandelt, und *dieser duftete so mild, harmonisch und beruhigend, dass er selbst das misstrauische Gemüt des Zöllners in eine ihm bis dato völlig unbekannte Freundlichkeit verwandelte:*

*»Nichts für ungut, ihr lieben Leute, aber ich hab halt auch meine Vorschriften! Alles in Ordnung! Zieht ruhig weiter nach Betlehem, guten Weg wünsche ich und das Beste für die Frau und für, na … Ihr werdet ja bald wissen, was es sein wird.«*

*Maria lächelte wissend. Der Limitaneus öffnete umgehend den Schlagbaum, grüßte herzlich und winkte dem heiligen Paar noch lange nach.*

*»Aber, Maria, wia is des gschehn?«, fragte Josef, als sie außer Hörweite der Grenzstation waren.*

*»Vertraue nur auf den Herrn da drobn!«, antwortete Maria und lächelte voll innerer Ruhe und Zuversicht, so wie es eben nur die heilige Maria vermag.*

# DIE DREI SCHATZGRÄBER

rei Schatzgräber aus den Eisenerzer Alpen, bekleidet mit Kapuzenrock und Grubenleder und ausgerüstet mit Hacke, Schaufel und Laterne, zogen einst in der Christnacht auf den Lauskogel hinauf. Sie hatten nämlich im Sommer davor beim Mineralienschürfen ein Venedigermandl[21] gefangen und dieses hatte ihnen in seiner Bedrängnis einen Blick in seinen Erdspiegel erlaubt. Im Tausch dafür wollte es seine Freiheit wiedererlangen. Venedigermandl besitzen diese einzigartigen Spiegel, sie können damit unter die Erde und in den Berg hineinsehen und erkennen, ob Schätze darin verborgen liegen. Beim Blick in den Erdspiegel entdeckten die Schatzsucher, dass im Inneren des Lauskogels ein goldenes Kalb im Gestein verborgen liegt.

*Das Venedigermandl aber warnte die drei:* »Wer das goldene Kalb heben will, der muss es während der Christmette tun, aber er wird dabei drei schreckliche Proben bestehen müssen.«

*Damit sie diese Proben bestehen würden, gab ihnen das Venedigermandl noch einen Rat mit:* »Nicht umschaun, egal was passiert!«

---

[21] Venedigermandl: Bergbau wird in den Alpen seit dem Ende der Jungsteinzeit betrieben. In den Stollen wurden gerne kleinwüchsige Knappen (Mandln) beschäftigt, weil diese auch in engen Gängen schürfen konnten (s.a. die Urgeschichte von *Schneewittchen und die sieben Zwerge*). Vor ungefähr 500 Jahren schickte die reiche Lagunenstadt Venedig heimlich Bergleute in alle Regionen der Alpen, um Gold für ihre expandierenden Handelsgeschäfte herbei zu schaffen. Den einheimischen Bergbauern war es wohl unheimlich, wenn diese welschen Mandln auftauchten und in ihren Bächen, Felsen und Höhlen Gold fanden. Man argwöhnte, sie könnten in den Berg hineinsehen, in ihre Grubenlaternen Bilder von anderen Orten projizieren oder Menschen hypnotisieren (Gfrorn machen).

*Die Schatzsucher stiegen nun in der Christnacht die Höhle hinunter, die sie im Erdspiegel des Berggeists erblickt hatten. Ihre Laternen warfen in den labyrinthischen Gängen und Stollen seltsame Schatten an die steinernen Wände. Ein unterirdischer, schwarz wie Tinte daliegender Bergsee versperrte ihnen den Weg, sie mussten ihn auf einer glitschigen Felswand umklettern. Schließlich gelangten sie in einen wundersam glitzernden Saal, groß wie der Dom in Graz, in dem hingen prächtige Eiszapfen von der Decke und ebenmäßig geformte Kristallspitzen wuchsen vom Boden empor. Sie staunten nicht schlecht über diesen Palast im Bauch der Erde. Am hinteren Ende des Saals schimmerte es wie goldenes Gestöber über die Wand. Das Leuchten des Schatzes spiegelte sich in den Augen der Glücksritter wider. Sie nickten einander aufmunternd zu: Hier musste das goldene Kalb im Berg verborgen liegen!*

*Umgehend begannen sie, mit ihren Hauen das Gestein aufzubrechen. Aber immer, wenn sie losschlugen, antwortete ihnen aus dem Inneren des Bergs ein Klopfen. Es waren wohl die Klopfgeister, die Seelen verschütteter Bergleute, die hier umgingen. Die drei ließen sich davon nicht schrecken.*

*Da – gerade hatten sie einen großen Felsen losgeschlagen, der laut polternd und widerhallend den steilen Gang hinunterkollerte – sprang ein mächtiger, pechschwarzer Eber aus der neu entstandenen Höhlung heraus. Mit einem schauerlichen Grunzen fuhr er auf die Schatzgräber los, rannte um sie herum und griff den jüngsten von hinterwärts an.*

*»Net umschaun, bloß net umschaun«, rief der Älteste. »Einfach weitergraben!«*

*Aber der vom schwarzen Schwein angegriffene Schatzgräber hörte nicht darauf und drehte sich voller Angst um. Im selben Moment wurde seine Haut faltig und runzlig, er alterte im Handumdrehen um vielleicht fünfzig Jahre und sein Haar war auf einen Schlag schlohweiß. Der schwarze Eber hatte ihn im Augenblick zum Greis gemacht.*

*Diese schreckliche Verwandlung beachteten die beiden anderen* nicht, sie blickten nur nach vorne auf das Gestein und gruben mit aller Kraft weiter. Sie hörten noch, wie der gespenstische Eber grunzend und schnaubend davonlief, ihren Kameraden auf dem Rücken mit sich tragend.

Sie brachen den nächsten Brocken aus der Wand. Zwei gelbe Augen funkelten ruhig, aber bedrohlich aus dem Dunkel heraus. Ein leises Gleiten und schuppiges Geraschel war zu vernehmen. Irgendetwas glitt langsam höher und stellte sich auf. Plötzlich erleuchtete sich die Höhlung, wie von Fackeln illuminiert. Mit furchtbaren Zähnen im Rachen und aus diesem, Feuer und Schwefeldämpfe sprühend, erhob sich eine riesige Schlange. Mit drohendem Zischen fuhr sie auf die beiden verbliebenen Schatzgräber los und umschlängelte sie kreisend, sodass ihnen die Haare zu Berge standen.

»Net umschaun, bloß net umschaun«, rief der Ältere. »Einfach weitergraben!«

Aber sein Kamerad fühlte den heißen Atem und das Züngeln

*der aufgerichteten Schlange ganz dicht in seinem Nacken. Das hielt er nicht aus und drehte sich, um das Ungetier mit seiner Haue abzuwehren. Diesen Moment nutzte der giftige Wurm: Mit seinem glühenden Atem raubte er dem Kerl das Augenlicht und so ward dieser auf der Stelle blind. Lauthals schrie er seinen Schmerz hinaus, rieb sich die leeren Augenhöhlen und sein Heulen hallte von den Wänden der Höhle wider. Er kroch einfach los, durch Stollen und Gänge immer tiefer in den Berg hinein, sein Schreien entfernte sich immer weiter bis es erstarb. Er ward nie mehr gesehen.*

*Der letzte Goldgräber ließ sich dadurch nicht irremachen und grub wie im Rausch weiter und weiter. Er spürte in seinem Rücken, wie sich die riesige Schlange sanft gleitend davonmachte. Schon klang seine Haue dumpfer und sein geübtes Ohr vernahm, dass sie auf ein hartes, metallenes Kästlein schlug. Plötzlich sprengte ein schwarzer Ritter in glänzender Rüstung auf weißem, feuerschnaubenden Rosse im Galopp daher, richtete einen freundlichen Gruß an den Schatzgräber und sagte: »Hier, nimm den Schatz! Er ist dein!«*

*Bei diesen letzten Worten hätte sich der letzte Verbliebene beinahe umgeblickt und die gefahrvolle Mühe wäre umsonst gewesen. Doch gerissen, wie er war, folgte er der Lockung des Ritters nicht. Da vernahm er, dass die Spukgestalt davongaloppierte und verschwand, und genau in diesem Moment sah er in dem geborgenen und aufgebrochenen Eisenkasten das goldene Kalb liegen.*

*Wie die Geschichte ausgegangen ist? Der übrig gebliebene Goldgräber schaffte es wohl, den Weg aus der Höhle herauszufinden. Über das Schicksal seiner Kameraden ist nichts mehr bekannt geworden. Es wurde viel darüber gemunkelt und spekuliert, aber über die Lippen des Goldgräbers kam nie ein Wort um die Geschehnisse in der Christnacht. In seinem Dorf wurde er wegen des unerklärten Verschwindens seiner Kameraden fortan gemieden und aus der Gemeinschaft ausgestoßen. Einsam verbrachte er sein Leben in einer verfallenen Hütte am Schattenhang.*

*Das goldene Kalb hatte er an einem sicheren Ort verwahrt,*

*der nur ihm selber bekannt war. Doch sein Leben war ärmer, als es zuvor gewesen war. Sein freundliches Gemüt wurde misstrauisch und trübsinnig. Er war nur noch von der Angst erfasst, zu verarmen.*

*Als er starb, lag er noch tagelang in seinem Haus, ohne dass sein Fehlen jemandem aufgefallen wäre.*

*Das goldene Kalb ist bis heute nicht wieder aufgetaucht.*

# DIE ÜBERGOSSENE ALM

eithin erhebt sich der mächtige Gebirgsstock des Hochkönigs mit seinen ausgedehnten Gletscher- und Firnfeldern der übergossenen Alm.[22]

Auf dieser, heute von Eis starrenden, Fläche lagen einst saftige Almwiesen, auf denen kniehohes Gras wuchs und friedliche Kühe weideten. In den Almhütten waren lustige Sennerinnen am Werk,

---

[22] Diese weitverbreitete Sage von der übergossenen Alm wird in allen Teilen der Alpen, aber auch in den Pyrenäen und im Himalaya erzählt.

um die reichlich fließende Milch zu verarbeiten. Und so groß war der Segen, dass man Käse und Butter gar nicht mehr wegschaffen konnte. Viel Geld floss in ihre Taschen und das gute Leben machte alle übermütig und ausgelassen.

Die Glocken, die am Hals ihrer Kühe klangen, mussten von reinem Silber sein und die Hörner der Stiere glänzten mit Gold überzogen in der Sonne. Sie schmausten und prassten im Überfluss und ließen den besten Wein fässerweise aus dem Salzburger Stiftskeller heraufbringen.

Die Wege zwischen den Hütten wurden mit runden Käselaiben gepflastert, die Fugen dazwischen mit frischer Butter ausgefüllt, damit, wie sie sagten, der Teufel etwas zu fressen habe, wenn er mit seinen Gesellen bei Nacht daherkommt. Die Butter war ihnen gerade recht, Kugeln daraus zu formen und aus dem Käse schnitzten sie Kegel.

Zu ihren Festen luden sie lustige Jägerburschen ein und tanzten und sangen mit ihnen die ganze Nacht lang. Die übermütigen Dirnen wollten zarte, feine Gesichter und Arme haben, drum badeten sie sich in der Milch und schütteten dann das köstliche Labsal schaffweise weg.

Es war gerade der heilige Christabend, als die schöne, schwarze Monika sich wieder in der Milch badete, weil sie auf ihren Jägersburschen wartete.

Da wälzte sich von den Teufelshörnern her in dunklem, unheimlichem Gewoge ein furchtbares Unwetter heran. Ein grässlicher Sturm erhob sich und schleuderte aus dem schwarzen Gewölk eine wirbelnde Flut von Eis und Schnee auf die zu Tode erschrockenen Frevler herab. Hals über Kopf versuchten sie, ihre Habseligkeiten zusammenzuraffen und vor der wütenden Natur zu fliehen. Doch dies scheiterte in dem Inferno kläglich.

Der Schneesturm begrub sie mit Hütten und Herden, und die einst grünenden Almen überdeckt seitdem ein mächtiger Gletscher. Und so liegt das Gefilde bis heute noch unter dem Eis und man nennt die weite Fläche die »Übergossene Alm«.

## SCHNEEWIND

*Schneewind, Schneewind hock di her*
*Was is denn los, du schnaufst so schwer*
*Was is mit dir – du schaust so geschafft*
*Wo is denn hi, dei oide Kraft?*


*Mei, früher host du ohne Mühn*
*Dich boanig kalt im Land rumtriebn*
*Du hast an jeden Weg verblasen*
*Sogar den Fuhrmo von da Straßn*


*Du hast oft donnert, hast oft blitzt*
*Und hast an Schnee wie Nadeln gspitzt*
*Bist neiganga in Mark und Bein*
*und warst für d'Leut a rechte Pein*


*Du warst doch früher richtig groß*
*Sag, Schneewind, was is mit dir los?*
*Komm, Schneewind, sag, seit a paar Jahr*
*Bist du scho nimmer richtig da*


*Da Schneewind lasst jetzt alles raus:*
*I gspür, mir geht die Kraft scho aus*
*Die warma Wind san schwer im Komma*
*Die holn die ganze Kraft der Sonna*

*Koa Platzerl mehr zum Kältn findn*
*Koa Gletscher in die Berg mehr hinten*
*Mei Zeit is aus, i siegs ja ei*
*Die Leit wolln alle lauwarm sei*


*Zwar laafan alle umanand*
*Mitm Outdoorbound-Survivalgwand*
*Doch wenn i oamoi richtig pfeif*
*San eahna glei die Knocha steif*


*I wer woi nauf zum Nordpol geh*
*Da find ma no a weng an Schnee*
*Da hoit i mi a bisserl frisch*
*Wenn mi's Ozonloch net dawischt*


*Doch oans geht mir am Arsch vorbei*
*an Weihnachten die Jammerei*
*Im vollklimatisierten Haus:*
*Warum liegt denn koa Schnee da draußd?*

Warum is Weihnachten ned weiß?
Warum so warm, was soll der Scheiß?
*Mir ham die besten Winterreifen*
*Warum miassen jetzt d'Erdbeeren reifen!*

*Die weiße Weihnacht, i sags glei*
*Is bei dem Klima bald vorbei,*
*Drum schaugts auf euer Atmospähre*
*I schleich mi, servus, Habediehre ...*

## WEIHNACHTSBRÄUCHE & REGELN

n den drei heiligen Nächten legt die Glantaler Bäuerin Brot auf die Bäume, »damit sich der Wind daran satt esse und im Frühjahr nicht die junge Saat frisst«!

❖

Die Waitschacher Bauern stellen am Heiligen Abend volle Garben auf das Feld, um den Vöglein von der Weihnachtsfreude mitzuteilen.

❖

Liegt am Heiligen Abend der Nebel tief, so sterben darauf arme Leut. Steht er aber hoch, so sterben die Reichen ...

## HÜTTENBUCH, ZILLERTAL, 31. DEZEMBER 1983

Silvester auf dem Bergbauernhof. Das Wetter hat sich verbessert, es war ein eisig kalter, aber schöner Skitag, griffiger Pulverschnee am letzten Tag des Jahres.

»Und, wird heut wieder ausgeraucht?«, frage ich den Nachbarn, als wir von der Piste zurückkommen.

»Wer ma scho machen«, gibt er zurück. »I woaß schon, ihr glaubts da net dran!«

»Mich interessiert das schon, selbst wenn ich nicht so recht dran glaube.«

»Ja, dann sag ich's dir: Heut ist Silvester. Silvester ist auch ein Lostag, ein Tag, wo man die Zukunft vorhersehen kann. Ihr tuts ja auch Blei gießen. Und Silvesterraketen abschießen. Der Lärm und das Schießen in der staaden Zeit, hat des net auch was mit Geister vertreiben zum tun?«

Wir kochen zum Silvesterabend gemeinsam ein italienisches Menü, jeder hat einen Gang vorbereitet. Die Frauen lächeln sich und die Männer vieldeutig an. Sie haben rote Unterwäsche angezogen. Rote Unterwäsche an Silvester bringt im nächsten Jahr viel Liebe. Außerdem muss jeder mindestens einen Löffel Linsen essen, denn Linsen bringen Reichtum.

Nach dem Silvestermenü, einer nächtlichen Rodelpartie und dem Feuerwerk sind wir nicht mehr zu lange auf den Beinen. Der Skitag sorgt für eine wohlige Bettschwere, die trotz des engen Matratzenlagers einen wohltuenden Schlaf verspricht. Doch zu früh gefreut: In dieser Nacht kommt es zu einem Angriff dämonischer Art.

Kaum ist Ruhe eingekehrt, kommt eines der Kinder schreiend ins Zimmer und reißt uns aus dem ersten Schlaf:

»Da, drunten im Klo!«

Die sanitären Verhältnisse hier oben sind sehr einfach. Das

»geheime Gemach« befindet sich im Stall neben dem Bretterverschlag des Geißbocks. Dieser Bock war zur Strafe vom unteren Hof hier herauf verlegt worden.

»Er hot sich recht schlecht aufgführt!«, erklärt der Altbauer unseren Kindern. »Er hot den Buabn gstoßn, so fescht, dass er den ganzen Buckel voller blauer Fleckn ghabt hat. Deswegen hot er da herobn Stallarrest!«

Wir haben den Bock »Satan Rudibu« getauft. Wenn man auf dem Klo sitzt, hört man ihn nebenan arbeiten, scharren, rumpeln und stoßen. Wir sind Eindringlinge in seinem Reich!

Da gibt es ein Astloch in der trennenden Bretterwand, darin taucht sein braunes Auge auf, es lurt hinterhältig herüber und scheint einen zu durchdringen. Es gibt entspannendere Orte, sein Geschäft zu verrichten. Als nächstes versucht Rudibu, mit der Spitze seines Gehörns durch das kleine Astloch zu stoßen. Man kann sein Hornende schon zurückdrücken, spürt aber dabei, welche Kraft in seiner Nackenmuskulatur steckt. Der kleine Revierkampf führt dazu, dass alles sehr schnell erledigt wird.

Der Kinderschrei hat uns hellwach gemacht. Wir rennen die schiefe Holztreppe hinunter, die Tür zum Stall steht offen. Über der Kloschüssel, aus der Bretterwand ragt triumphierend der Kopf von Satan Rudibu: Er hat es geschafft, es ist ihm gelungen, mit seinem Horn ein Brett aus der Wand zu hebeln. Durch diese Lücke hat er seinen Kopf samt den mächtigen Hörnern hindurch gezwängt. Wie eine lebende Jagdtrophäe ragt sein stolzes Haupt aus der hölzernen Abtrennung. Mit brennendem Blick in den Augen mustert er uns triumphierend. Das Maul hat er zu einem spöttischen Grinsen verzogen, der strähnige schwarze Bart unterstreicht noch seine Arroganz und Überheblichkeit. Darüber thront sein spitz geschwungenes Gehörn, mit dem er gefährlich zustoßen und böse verletzen kann. Das weiß er! Genugtuung strahlt aus seinen Augen, Hass und Hinterhältigkeit. Alle Sünden der Welt muss ein Bock tragen, aber er zeigt uns, dass er sie mit einem Schütteln von sich wirft. Mit freiem Blick kontrolliert er unser Reich.

Zu zweit, und gegen Rudibus erbitterten Widerstand, müssen wir seinen Kopf durch die Lücke in der Wand zurückschieben. Das lose Brett befestigen wir mit den stärksten Nägeln, die zu finden sind.

Rudibu hat den Sommer nicht mehr erlebt. Der Bauer hat ihn erschossen. Er war nicht zum Halten, hat er gesagt.

# SILVESTER – NEUJAHRSNACHT ODER DRITTE RAUNACHT

*Wind in St. Silvesters Nacht,*
*hat nie Wein und Korn gebracht.*

In der dritten Raunacht, an Silvester, soll die Wilde Jagd[23] aufbrechen. In dieser Zeit steht nach altem Volksglauben das Geisterreich offen, die Seelen der Verstorbenen sowie die Geister haben Ausgang und ziehen überall hin, wo es ihnen gerade taugt.

*ämonen können Umzüge veranstalten oder mit der Wilden Jagd durch die Lande ziehen. Die Raunächte galten mancherorts als derart gefährlich, dass sie mit Fasten und Beten begangen wurden.*

*Es durften keine Wäscheleinen gespannt werden, da sich in diesen die Wilde Jagd verfangen könnte. Durch das Aufhängen von weißer Unterwäsche würde die Wilde Jagd angelockt und dann über die Frauen »herfallen«. Frauen und Kinder sollten nach Einbruch der Dunkelheit auch nicht mehr alleine auf der Straße sein. In manchen Gegenden wurden diese Vorschriften von den Perchtenläufern überwacht.*

*Der Name Silvester rührt von* Papst Silvester *her. Er ist als Pförtner vor dem Eingang in das neue Jahr mit einem Schlüssel ausgerüstet. Er starb im Jahr 335 und gilt als Patron der Haustiere.*

---

[23] Wilde Jagd: Vor der Wilden Jagd ging im Vinschgau oft ein sauber geputzter Schuh. Wenn man in diesen Schuh hineintrat, wurde man unweigerlich fortgerissen und unweigerlich an einen anderen Ort gebracht. Ob dieses »Leutvertragen« auch als Ausrede für Ausreißertum oder Abenteuerlust gebraucht wurde, kann nicht belegt werden.

*Fragen an die Zukunft sollen in der Silvesternacht durch Bleigießen, Schuhwerfen und andere Orakelrituale beantwortet werden. Das Schuhwerfen der Heiratslustigen reicht bis ins frühe Mittelalter zurück. Man wirft dabei einen Schuh mit dem Fuß über den Kopf und die Spitze des Schuhs zeigt an, aus welcher Richtung der oder die Zukünftige ankommen wird.*

*In Brixen werden vier Wünsche auf vier Zettel geschrieben, in die vier Ecken eines Schnupftuchs geknüpft und unter das Kopfpolster gelegt. Beim Erwachen zieht man einen Zipfel des Tuchs und der dort eingeknüpfte Wunsch geht in Erfüllung.*

*Der Pustertaler sucht derweilen das Wetter des kommenden Jahres zu erfahren, woran vielfach sein Glück hängt: Zwölf Zwiebelschalen stellt er in der Neujahrsnacht in einer Reihe auf das Fensterbrett und gibt Salz hinein. Die Schalen, in denen das Salz zergeht, zeigen die nassen Monate an, die anderen die trockenen.*

## DIE WILDE JAGD

s ist noch nicht lange her, da tappte ein rauschiger Knecht, dem der Wein in den Kopf gestiegen war und der Schnaps in den Füßen steckte, um Mitternacht an der Flanitzschwelle dahin gegen Stierwald. Als er in der Mitte des Walds angekommen war, hielt er inne, denn kein Laut war zu hören, die Luft stand still und nicht mal ein Zweiglein wagte es, sich zu bewegen. Doch die Ruhe war trügerisch, denn der Sturm, der aus dem Nichts losbrach, war heftiger und stärker als jedes Unwetter, das der Knecht je erlebt hatte.

Hulloh! Hiaa! Hei! So fing um ihn herum ein Schreien und Lärmen an. Jäh und unvermittelt hob das wilde Gejage in den Lüften an, und das Gehölz krachte und fauchte, seufzte und bog sich. Im Sturm droben grollte und rollte, bellte, miaute und wieherte es, als ob tausend Hunde und Katzen und Rösser dahin flögen. Den Kerl unten aber machte sein Rausch keck und er dachte gar nicht daran, sich in die Fahrrinne des Weges zu legen und dabei die Füße zu überkreuzen. Das gilt nämlich als letztes Mittel, damit einen die Wilde Jagd nicht fortträgt. Nein – er stellte sich in den Sturm, tat es der fliegenden Jagd nach und schrie wie ein Märzenkater.

Aber auf einmal verging ihm der Spott auf den Lefzen, er spürte, wie er das Erdreich unter der Ferse verlor, wie ihn eine unbekannte Kraft hochhob, sodass er über die Wälder dahinflog. Und grobe und klare Stimmen kamen aus dem Sturm und riefen ihn an: »Heb deine Haxen auf!«

Da zog der Kerl vor Angst die Knie bis an den Bauch, aber dennoch schleifte es ihn durch die Tannenspitzen. Schienbein und Schenkel schlug er sich blutig und die Zehen verstauchte er sich an den Wipfeln. Vor Schmerz wimmerte er und flehte, dass die Wilde Jagd ihn doch loslassen möge. Höhnisches Gelächter antwortete ihm. Schließlich gab es doch ein Einsehen, und die »Jaid«

setzte ihn völlig zerschunden und abgehetzt auf dem Dach eines aufgegebenen Lifthäusls ab.

※

Im Lesachtal ging einmal ein Bursch durch den Wald, als die Wilde Jagd darüber hinwegfuhr. Da hörte er ein seltsames Geschrei und vernahm einen Schuss aus einem Gewehr. Sofort warf er sich zu Boden, rief aber trotzdem in die Richtung, aus der er den Lärm wahrgenommen hatte: »Wer bist Du? Komm her und zeig Dich!«

Urplötzlich stand ein hagerer Kerl da, gekleidet wie ein Jäger, und seine Hunde umstellten den Burschen, hechelnd und böse knurrend. Da überreichte ihm der wilde Jäger einen rohen Pferdefuß und sprach: »Genau in einem Jahr bist du wieder hier an der Stelle und bringst mir den Rossfuß unversehrt zurück!« Darauf verschwand der Spuk.

Der Bursch wusste sich keinen Rat, wie er es anfangen sollte, dass das Fleisch nicht in Verwesung übergehe. Als letzte Rettung ging er zu einem kräuterkundigen Weib. Dieses riet ihm, das Fleisch fest mit einem Leinentuch zu umwickeln, in einen irdenen Topf zu legen und alles im Misthaufen zu vergraben. Das tat der Bursch.

Übers Jahr grub er den Rossfuß wieder aus und ging genau zur selben Stunde abermals in den Wald. Wieder hörte er Geschrei und Bellen und der hagere Mann tauchte wie aus einem Nebel auf, umringt von seinen knurrenden Hunden. Dieser war sehr verwundert, dass der Pferdefuß in so gutem Zustand war und keine Zeichen von Verwesung zeigte. »Glück hast du gehabt, dass du den Fuß so gut aufbewahrt hast, sonst hätt ich dich zermalmt wie der Mühlstein das Korn!« Als der Kerl mit seinen Hunden verschwunden war, fand der Bursch einen Goldtaler in seiner Tasche.

## DER TEUFEL BEIM KARTENSPIEL

ei einem Kleinhäusler, der in den Bergen über Oberaudorf daheim war, ist es in der Silvesternacht einmal wild zugegangen. In der Stube sind mehrere junge Burschen beim Trinken und Kartenspielen beisammengesessen, und lockere Reden, Flüche und Lästerworte haben die verräucherte Luft zwischen den niedrigen vier Wänden erfüllt.[24]

Auf einmal ist die Tür aufgegangen – gerade als die Glocke vom Tal heraufgeklungen ist – und hereingekommen ist ein schmucker junger Bursch. Gleich hat er sich, nach kurzem Gruß und Sich-umschauen, zu den anderen an den Tisch gesetzt und auch mitgespielt. Der Lärm und die Ausgelassenheit sind immer größer geworden. Da ist versehentlich einem Spieler eine Karte auf den Boden hintergefallen.

Wie er sich danach gebückt hat und sie hat aufheben wollen, da hat er bemerkt, dass der fremde Mitspieler einen Geißfuß hat. Er ist in die Höhe gerumpelt und hat angefangen zu schreien. Ganz mörderisch hat er geplärrt, denn der Fremde ist kein anderer gewesen als der »Gottseibeiuns« selber. Der aber, der Teufel, ist auf den Tisch gesprungen und hat geschrien: »Spieler in der Messen hat da Teife gfressen!«

Die Spielkumpane sind darüber so erschrocken, dass sie allesamt tot umgefallen sind.

Als nach der Mette ein paar Leute an dem Häusl vorbeigekommen sind und die Tür sperrangelweit offenstand, haben sie hineingeschaut und die Toten gefunden. Niemand mehr hat danach

---

[24] Quelle: Einmayr, Max: *Der Teufel beim Kartenspiel*, in: Inntaler Sagen. Sagen und Geschichten aus dem Inntal zwischen Kaisergebirge und Wasserburg. Oberaudorf 1988.

dieses Haus bewohnt, denn keiner hat in des Teufels Höhle leben wollen.

Das Haus ist später einmal an einen Düsseldorfer Jagdgast verkauft worden.

Woher wir aber von der Geschichte wissen, wo doch keiner der Mitspieler überlebt hat und somit keiner hat berichten können, was damals genau passiert ist, das weiß ganz allein der Teufel.

# DIE WEISSE GAMS

s war in der Nacht vor dem Übergang zum neuen Jahr, da stieg ein Wildschütz aus dem Rauriser Tal ins Gebirge hinauf. Das Rauriser Tal liegt in der Goldberggruppe[25] am Goldbach, und wie schon der Name sagt, ist der Berg durchdrungen von Stollen und Schächten, damit man das edle Metall aus seinem Bauch schürfen kann.

Eiskalt war's in dieser Silvesternacht, eiskalt und klar. Der Frost biss in Nase und Lungen und der Schnee knarzte und knirschte unter den Stiefeln wie eine alte Stadeltür. Das Jagdfieber allein war es nicht, das den Kerl in dieser Sternennacht hinauf in die Felsen lockte. Es waren ebenso Armut und Not, die überall im Tal zu Hause waren. Der Lohn, der von der Arbeit in den Gold- und Silberminen des Bergwerks übrig blieb, reichte kaum zum Leben. Zum Sterben wiederum war es zu viel. Deswegen holte sich der Schütz ab und an ein Stück Wild aus den Bergen. Einen Teil vom Fleisch verschenkte er an arme Familien, den anderen behielt er für sich.

Im Kar angekommen legte er sich hinter einen Felsen, der ihm Sichtschutz bot. Durch seinen schweren Umhang war er vor der unerbittlichen Kälte einigermaßen geschützt. Sein Blick wanderte hinüber in die Schrofen und die Augen tasteten das Gelände ab. Doch da ging sein Herzschlag in die Höhe, das war ihm noch nie untergekommen: Eine Herde weißer Gämsen stand da drüben. Im Schnee hatte er sie gar nicht erkennen können, erst als die

---

[25] Goldberggruppe: Auf Initiative des Bergmanns Ignaz Rojacher wurde auf dem Hohen Sonnblick (3106 m über NN) bereits 1885 in der Goldberggruppe ein Observatorium errichtet. Tiefste dort und jemals in Österreich gemessene Temperatur: -37,4 °C in der Silvesternacht auf den 1. Jänner 1905. Größte Schneehöhe: 11,9 m am 9. Mai 1944.

*grauen Felsen die Tiere vom unendlichen Weiß abhoben, konnte er sie im Mondlicht wahrnehmen.*

*Was der Wildschütz nicht wusste: Die weißen Gamsen gehörten den drei Saligen Frauen. Diese lebten oben in einer Höhle aus Bergkristall, die Herde hielten sie als Milchtiere, und in den hellen Mondnächten ließen sie diese seltenen Geschöpfe in seinem Licht baden, weil dies ihrem weißen Fell guttat.*

*Weil aber dem Wildschützen davon nichts bekannt war, legte er den Stutzen an. Das Blut pochte in seinen Schläfen. Doch das helle Fell war vor der winterlichen Umgebung nur schwer auszumachen. Immer wieder zögerte er, abzudrücken. Die Herde zog nichts ahnend weiter, bald wäre sie aus dem Schussfeld verschwunden.*

*Eine Wolke schob sich vor den Mond: Die letzte Gelegenheit! Er zielte, drückte ab und gab Feuer! Der Knall des Schusses hallte von den Felsen wider, jedoch die Gams blieb nicht liegen – sie stand auf und lief verletzt davon.*

*Ein derart schlechter Schuss ist eine Schmach für jeden Schützen! Der Wilderer erkannte, dass das Tier schwer getroffen war und um ihm das Leiden zu verkürzen, ging er ihm nach. Er folgte der blutroten Spur des Tieres auf dem Schnee, immer höher stieg er hinauf. An einem Felsenbogen vorbei gelangte er in ein Kar, das ihm bisher nicht bekannt gewesen war. Immer weiter kletterte er bergan. Da stand die weiße Gams plötzlich wieder ganz nah vor ihm. Er riss den Stutzen herunter und legte an. So gelang es ihm, einen zweiten Schuss zu setzen und das Tier von unnötigem Leid zu erlösen.*

*Als er vor der erlegten Gams stand, hoch droben, da öffneten sich die Felsen mit einem dunklen Mahlgeräusch. Eine versteckte Höhle tat sich auf. Er stand vor der heimlichen Wohnstatt der Wildfrauen.*

*Die drei traten aus ihrer Behausung heraus, sie warteten bereits auf ihn. Bei aller Zartheit und Schönheit in ihren Gesichtern funkelten die Augen der Saligen vor Zorn: »Du hast auf eine weiße Gams geschossen! Sie stehen unter unserem Schutz!«*

*Aufgebracht forderten sie eine Erklärung von dem Burschen.*

*»Verzeiht mir, Salige Frauen!« Kleinlaut beugte der Schütz das Knie. Von den Saligen hatte er schon oft aus Erzählungen gehört. Er wusste auch, dass es ratsam war, sich gut mit ihnen zu stellen, weil das Glück und Segen bringen konnte. Wer aber ihren Zorn auf sich lud, dem drohten Unheil und jedwedes Missgeschick. Er tat also alles dafür, ihren Zorn zu besänftigen.*

*»Ich bitte Euch, seht mir nach, dass mir die weißen Gamsen ganz unbekannt waren. Ich verspreche euch, nie mehr werde ich das Gewehr auf sie anlegen! Aber ohne Wildfleisch wären manche im Tal schon verhungert.« Er erzählte ihnen von der Witwe in der Siedlung, deren Mann im Bergwerk vom Gestein erschlagen worden war, und die allein zehn hungrige Mäuler sattkriegen musste. Sie war eine von denen, die der Wildschütz immer unterstützt hatte.*

*Durch seine Reue glätteten sich die Zornesfalten und die drei Frauen ließen sich versöhnen.*

*»Der Schuss kann nicht mehr in den Lauf zurückfliegen. Was geschehen ist, das ist geschehen. So kannst du jetzt auch zum Mahl dableiben.«*

*Die drei Frauen bedeuteten dem Schützen, ihnen in die Höhle zu folgen. Kristalle funkelten von den Wänden, der Boden war mit einem warmen Fließ aus Tierhaaren bedeckt und alles machte einen behaglichen Eindruck.*

*Die Frauen schürten das Feuer an, die weiße Gams wurde gebraten, allerlei unbekannte Kräuter streuten sie darüber, ein wunderbarer Duft strömte umher und die Speise mundete dem Schützen köstlich. Die Wildfrauen aber ermahnten ihn, jedes Knöchelchen sauber abzunagen, sorgfältig auf den Boden zu legen und keines zu verlieren. Diese Anweisung machte den Burschen neugierig, heimlich ließ er ein kleines Beindl vom Hinterfuß in seine Tasche gleiten.*

*Nach dem Mahl sammelten die Saligen gründlich die Knöchlein ein, legten und ordneten sie auf der ausgebreiteten Haut der Gams. Dann gab eine von ihnen dem seltsamen Gebilde einen* leichten Schlag und husch! Die Gams stand wieder auf ihren Läufen, schüttelte sich wie nach einem Schlaf und sprang davon. Vor Staunen blieb dem Wildschützen der Mund offen.

Die Wildfrauen gaben ihm noch einen kleinen Laib Käse mit auf den Weg, den sie aus der Gamsmilch gesennt hatten. Den Laib sollte er der armen Witwe vor die Tür legen. Sodann ermahnten sie ihn, nichts von ihrer Höhle mit all ihren Geheimnissen zu erzählen.

Als die blasse Wintersonne durch den milchigen Neujahrsmorgen brach, war der Wildschütz wieder unten im Tal. Statt einer Gams hatte er den Laib Käs von der Pirsch ins Tal gebracht. Diesen legte er vor die Hütte der Witwe in den Schnee und schlich davon.

Die Frau und ihre Kinder freuten sich und schnitten den Käs an. Man erzählt, dass dieser Gamskäs eine wunderbare Eigenschaft hatte: Den Keil, den man untertags zum Verzehr aus ihm herausgeschnitten habe, der habe sich über Nacht, wenn alle schliefen, wieder in den Laib hineingefügt, sodass am Morgen immer ein vollständiger Käserund im Kasten lag.

Der Wildschütz begegnete noch ab und an den weißen Gamsen, aber er hielt sich an sein Versprechen und verschonte sie. Eine Gams hatte er besonders ins Herz geschlossen: Wenn sie über die Schrofen stieg oder durch einen Felskamin hinuntersprang, dann hinkte sie ein wenig, mit dem linken hinteren Bein.

Die Wildfrauen aber blieben noch lange Jahre in der Rauris und taten den Menschen viel Gutes.

## DER RITTER AM RACKASEE

berhalb des Ortes Fischbachau im Leitzachtal liegt der Breitenstein. Zwischen seinen Gipfel und dem benachbarten Wendelstein fügt sich eine liebliche Almlandschaft. Doch nördlich dieser Idylle liegt der schauerliche Rackasee. Er ist mittlerweile eingetrocknet und überwachsen, aber an einem sumpfigen Ring kann man das ehemalige Seegebiet erkennen. Schon immer war der See ein schauderhafter Ort: Kein Vogel landete dort, sie wichen im Flug dem See aus und auch kein Hirte näherte sich dem verwunschenen Fleck. Fasste sich doch einer ein Herz und getraute sich her, so erblickte er in der Tiefe des Sees eine versunkene Ortschaft samt Häusern, Burg und Kirche. Erhob sich über dem See ein Gewitter, so schlug der Blitz unter entsetzlichem Krachen in die Senke ein.

In den Raunächten aber ging es dort besonders wild zu: Da fing der See an zu tosen und zu brausen, sogar unter dem Eis, bis die zerbrochenen Schollen auf den Wogen tanzten. Dann ritt ein wilder Reiter mit fliegendem Mantel auf seinem Pferd daher und jagte an einem Holzfäller vorbei, der auf seinem Schlitten rastete. Das Pferd ließ bei seiner Jagd Steine auffliegen und diese verletzten den armen Holzarbeiter an der Schulter. Die Umwohner meinen, die Erscheinung sei der umgehende Gutsherr des Schlosses, das dort einmal gestanden sei.

In einer Neujahrsnacht kam dieser schwarze Reiter einmal zu einem Schmied unten ins Tal. Er bat den Schmied, ihm den Weg zum Rackasee zu zeigen. Obwohl dem Meister unheimlich zu Mute war, führte er das Pferd hinauf in das Almgebiet. Der Ritter beschenkte ihn dafür mit einer Handvoll Geld. Doch als sie nahe zum verwunschenen Ort kamen, begann der See fürchterlich zu tosen. Auf der Stelle schickte der unbekannte Reiter den Schmied zurück, warnte ihn aber, er möge sich auf keinen Fall umdrehen und umschauen. Kaum war der Schmied

*einige Schritte zurückgegangen, hörte er hinter sich einen Lärm, als ob die Welt unterginge. Da konnte er sich nicht beherrschen und drehte sich um: Er sah nun, wie der Ritter in feuriger Gestalt in den See hineinfuhr, dass es nur so brodelte und zischte. Der Schmied bekreuzigte sich mehrmals und gelangte halb tot vor Schrecken zu Hause an, wo es ihn mehrere Tage aufs Krankenlager warf. Das empfangene Geld hatte sich zu seinem Verdruss in Kohlen verwandelt.*

*Im Tal in der Wallfahrtsstätte Birkenstein gibt es eine Quelle mit Heilwasser. Auch hier finden sich Hinweise auf einen unterirdischen See.*

## DER XUNDHEIT

Vor dem Aufkommen des Skitourismus waren die Berge und Almen in der Winterzeit Orte unberührter Einsamkeit und majestätischer Ruhe. Norken, Truden, wilde Mandl und alle anderen Berghüttengeister hielten ihren Winterschlaf, nur ab und zu, wenn der Jäger auf einem Gang durch sein Bergrevier auf einer der Hütten übernachtete, wachten sie auf und spielten ihm – wenn sie nicht zu schläfrig waren – einen kleinen Streich.

Mit dem Bau von Bergbahnen und der Entstehung von »Skizirkussen« war es mit der winterlichen Einsamkeit vorbei. Manche der Berggeister reagierten auf die Eingriffe in ihre Lebensräume mit Flucht in einsame, noch nicht erschlossene Bergtäler. Andere passten sich den neuen Bedingungen an und integrierten sich unauffällig in die neue Winterwelt. Sie fanden sogar ihr Auskommen, indem sie zum Beispiel Wintertag für Wintertag den Skifahrern die Liftbügel unter ihr Gesäß schoben. Andere bauten ihre Holzhütten um und lockten die »Gäschte« mit volkstümlichen Sirenenklängen ins Innere.

Am schlimmsten trieben sie es zur Zeit der Raunächte, wenn ihre alte Gewohnheit, den Menschen den einen oder anderen üblen Streich zu spielen, aus dem Inneren hervorbrach. Sie konnten nichts dafür, es war eben ihre Natur. Die Berggeister bedienten sich dazu eines anderen Geistes, eines speziellen Flaschengeistes, den sie überall in ihren Behausungen als Vorrat hielten.

*er Xundheit ist ein kleines lederhäutiges Männlein, das auf urigen Hütten mitten in den Skigebieten zu Hause ist. Fragt man im Tal, wo der Xundheit herstammt, dann schütteln selbst die Alten verneinend ihr Haupt: »Koana woaß, wo der her ischt!«*

Manche meinen, er sei schon immer da gewesen, andere behaupten, er sei aus dem Hinterbergertal zugewandert. Nichts Genaues weiß man also nicht, außer dass er den ganzen Winter in seiner Hütte oben vor der Talabfahrt verbringt und harmlosen Gästen übel mitspielt. Am schlimmsten ergeht es den unerfahrenen Fremden, die von weit her gereist sind und denen das Treiben des Xundheit unbekannt ist.

Kaum tritt eine solche Gruppe von Skifahrern, nichts Böses ahnend, mit ihrem klobigen Schuhwerk und ihren modischen Gewändern durch die Tür, nimmt der Xundheit kleine Glasl vom Wandregal und füllt sie mit einer bräunlichen Flüssigkeit, die er selber im Spätherbst aus fauligen Obstresten, widerwärtigem Wurzelwerk oder alten Kartoffeln gebrannt hat.

»Xundheit« sagt der Xundheit und stellt das Gebräu dem arglosen Opfer auf den Tisch. Die scharfe Flüssigkeit brennt heiß, so heiß wie das Feuer im Herd, den Schlund hinunter.

Aus den Augenwinkeln heraus beobachtet der Xundheit genauestens, wie seine Opfer reagieren. Meist tanzen sie auf einem Bein hustend um den Tisch, verdrehen die Augen und schnappen nach Luft.

»Gell, der isch guat!«, sagt der Xundheit. »Und xund ischt er a. Aber oana ischt no gar nix!«

Noch ehe die Opfer sich ganz erholt haben, stellt der Xundheit die kleinen Glaseln schon wieder gefüllt auf den Tisch. Mit einem hinterfotzigen Blick murmelt er »Xundheit«. Das zweite Glas brennt noch heißer, heißer als die Sonne im Watzmannkar.

Jetzt hat der Xundheit seine Opfer in seiner Gewalt. Er holt den Hobel, ein langes Brett, auf dem viele der kleinen Gläschen Platz haben. »Xundheit!« sagt er und stellt die ganze Teufelslitanei vor die Skifahrer. Von überall erschallt jetzt der Ruf »Xundheit«.

Dann legt der Xundheit eine CD in seine vollkommen überdimensionierte Musikanlage. Er nennt es Stimmungsmusik, aber die Sänger besingen auf so grauenhafte Weise die Bergwelt und die Fortpflanzungsgelüste ihrer männlichen Bewohner, dass es dem wahren Volksmusikfreund den Magen umdreht. Die meist unkundigen Touristen aber, mit ihren vom Hochprozentigen benommenen Gehirnen und betäubten Mägen, verfallen diesen schauerlichen Sirenenklängen.

Man glaubt es nicht, aber es kommt noch ärger! Der Xundheit holt einen Krug mit vielen kleinen Schläuchen und füllt ihn bis an den Rand. Alle seine Opfer sammeln sich an einem Tisch rund um diese »Schnapspfeife«, saugen um die Wette aus den Schläuchen, und in den unschuldigen Bergen geht es zu wie in den Opiumhöhlen Shanghais. Die Wehrlosen setzen sich einen Schluck nach dem anderen, bis sie kraftlos auf den Boden fallen.

Aber der Xundheit kennt noch immer keine Gnade. Er nimmt einen alten Ski von der Wand, steckt das hintere Ende dem Opfer in den Mund, sagt, es sei nur ein Skiwasser und lässt den teuflischen Brand über die kleine Wachsrinne im Belag in die rot entflammten Kehlen rinnen.

»Xundheit«, sagt er, und abermals: »Xundheit!« Erst jetzt lässt er von seinem Treiben ab. Die Opfer steigen unter größten Schwierigkeiten mit ihrem Plastikschuhwerk in die Skibindungen und fahren los. Weit kommen sie aber nicht. Der Xundheit hat nämlich inzwischen selbst die bestpräparierte Skipiste in eine Geisterbahn verhext: Bäume, Felsen und Liftmasten stellen sich den Abfahrenden in den Weg, lachen höhnisch, legen ihnen ein Bein und zerschmettern ihre schnapsschweren Gliedmaßen. Und wenn der Funkspruch »Bergung in der Talabfahrt mit Bänderriss, Unterschenkelfraktur und Schlüsselbeinbruch« durch den Äther an die Bergwacht rauscht, dann raunen sich die rauen Retter der Bergwelt leise zu: »Mein Gott, der Xundheit, der Xundheit hat wieder amal zugschlagen.«

## BAUERNREGELN ZU SILVESTER

*An Silvester Wind und warme Sonn,*
*wirft jede Hoffnung in den Bronn.*

*Silvesternacht düster oder klar,*
*sagt an ein gutes neues Jahr.*

*Gefriert's an Silvester zu Berg und Tal,*
*geschieht es dies zum letzten Mal.*

# HÜTTENBUCH, ZILLERTAL, 5. JANUAR 1984

Nach zwei Wochen Hüttenleben ohne Dusche und fließendes Warmwasser haben wir einen strengen Hautgout angenommen, der uns im Tal in jeder Wirtschaft sofort einen freien Tisch garantiert. Eine Reinigungszeremonie steht an. Wir machen im Freien ein Feuer und erhitzen große Steinbrocken in der Glut. In der Rauchkuchl wird Wasser für den Badezuber erhitzt. In dem kleinen Schuppen vor dem Haus sind bereits Sitzgelegenheiten im Kreis aufgestellt. Die erhitzten Steine werden in die Mitte gerollt. Wir setzen uns nackt herum, Wasser wird über die Steine gegossen, heißer Dampf steigt auf: Wir nehmen ein Schwitzbad, danach wälzen wir uns im Schnee.

Mittagessen in der Almwirtschaft, Telefonieren nach Hause mit der österreichischen Spezialität eines Fernsprechers: Ein etwas größer gebautes, schwarzes Telefon mit Wählscheibe, darunter ein kleines Schiebefach eingebaut. In dieses Schiebefach muss man zuvor gesammelte Fünfschillingmünzen einlegen, und – sobald sich der Angerufene meldet – diese mit dem Schiebemechanismus in das Münzfach plumpsen lassen. Dadurch öffnet sich ein Relais in der Sprechmuschel und schaltet den Kontakt zum Gesprächspartner frei. Man kann jetzt so lange telefonieren, bis ein aufdringliches Piepen darauf aufmerksam macht, dass ein neues Geldstück einzuführen ist.

Die meisten Gespräche bestehen aus Sätzen wie: »Ich weiß nicht mehr, wie lang das Geld reicht!« oder »Es ist wahrscheinlich gleich vorbei!«. Über dem Telefon prangt ein Schild: Fasse dich kurz! Die Schillingstücke sind immer zu wenig, die Linsen vom Silvesterabend zeigen noch keine Wirkung auf die Münzvorräte in unseren Portemonnaies.

Nachmittags im Tal ziehen die Dorfkinder als »Krapfenperchtn« von Haus zu Haus und sammeln Süßigkeiten ein. In früherer Zeit waren es die armen Leute, die vermummt und mit einem Körbchen (Binkl) zum Betteln gingen. Mit verstellter Stimme wünschten sie den Einheimischen »A glückseligs neus Johr« und bekamen dafür Geld oder Lebensmittel.

Am Abend beginnt die Perchtnacht: Die Erwachsenen, besonders die Burschen, schlüpfen in die Perchtenkleidung und ziehen als »Schnapsperchtn« durch das Dorf. Jeder Besuch in einem Haus wird mit einem Schnaps belohnt. Wilde, zottlige Pelzgewänder springen umher, Hexen und Dämonenmasken geistern durch die Nacht.

Zwischendrin eine Schönpercht, der Körper aus Stroh geformt und eine weiße Larve als Kopf. Der Widerschein der Fackeln erweckt die kunstvoll geschnitzten Masken zum Leben. Die Musik spielt den Perchtentanz, einen ganz langsamen, verzögerten Walzer mit stampfendem Schritt auf dem Taktanfang. Feuer auf dem Dorfplatz wärmen, alles ist heut auf den Straßen, vertreibt mit dieser heidnischen Zeremonie die Dunkelheit, die Kälte, den Winter, die Angst. Heut in der Perchtnacht sind alle unterwegs.

## PERCHTNACHT – EPIPHANIS-NACHT
## ODER VIERTE RAUNACHT

Die letzte der Raunächte, vom 5. auf den 6. Januar, ist die Epiphanis-Nacht, auch »Feiste Raunacht« genannt. In dieser Nacht geht die Frau Percht um.

 ie Geschichten um die Frau Percht haben oft mit Segen, Fürsorge und Schutz zu tun. Spätere Deutungen verschieben die Percht in die Nähe der Hexen, wahrscheinlich fand hier eine Umdeutung in der Christianisierung statt. Was man auch immer glauben mag, es ist ratsam, die Percht in der vierten Raunacht milde zu stimmen.

In dieser Nacht vor Heilig Dreikönig wird ein reiches Mahl gegessen, nämlich Suppe, Braten, gebackene Knödel, gesottene Zwetschgen und zuletzt die Semmelmilch, also eine gesottene Milch mit Semmelschnitten. Daher heißt die Heilig-Dreikönig-Nacht auch die »feiste Raunacht.«

Der letzte Gang, nämlich die Semmelmilch, darf nicht aufgegessen werden, sondern man lässt die Hälfte stehen und die Löffel darin stecken. Man kann die Löffel auch so auf den Rand der Schüssel legen, dass beide Enden frei schweben. Dann, um Mitternacht, kommt die Frau Percht mit den ungetauft verstorbenen Kindern. Sie isst mit ihnen von der Semmelmilch, dass man das Schlürfen hören kann, und segnet als Dank das Haus fürs ganze Jahr.

Der, welcher den meisten Rahm an seinem Löffel gelassen hat, wird im Jahr darauf beschenkt werden. Am anderen Morgen ist wieder so viel Semmelmilch in der Schüssel wie am Abend zuvor. Wessen Löffel aus seiner Lage gerückt erscheint, der hat ein Unglück zu fürchten. Wessen Löffel in die Schüssel hineingefallen ist, der wird im nächsten Jahre sterben. Wessen Löffel herausgefallen ist, der kommt aus dem Hause, muss auswandern, vielleicht nach Amerika, oder gar in den Krieg ziehen. Ledige Personen, an deren Löffel sich viel Rahm angelegt hat, heiraten bald.

Man isst die Perchtmilch zum Frühstück und gibt davon auch den Hühnern, damit sie viele Eier legen, und den Kühen, damit sie viel und gute Milch geben. Die ungetauften Kinder der Percht haben seltsame Namen wie Gagraunzel, Thomaszoll, Märzenkalbel, Zudarn *oder* Zadarwaschel.

# PERCHTSAGEN

### Die glühenden Kohlen

in Knabe wollte einst die Frau Percht sehen und versteckte sich hinter dem Ofen. Aber sie entdeckte ihn sogleich, zog ihn an den Ohren hervor, machte einen Spalt in seinen Kopf, gab glühende Kohlen hinein und schloss ihn wieder. Darauf befahl sie ihm, übers Jahr abermals zum Ofen zu kommen. Der Knabe litt das ganze Jahr über an schrecklichen Kopfschmerzen. In der folgenden **feisten Raunacht** fand er sich pünktlich ein, da nahm ihm Frau Percht die Kohlen heraus und vom Augenblick an war er wieder gesund. Frau Percht hatte seinen Fürwitz bestraft.

### Das geraubte Kindlein

iner Mutter in der Gegend von Königswiesen machte ihr Kind durch Weinen und Schreien viel Mühe. Einmal schrie es wieder bis in die späte Nacht hinein. Da wurde die Mutter, die sonst dem Kinde alle Liebe antat, zornig, hielt das Kind zum Fenster hinaus und sagte: »Wenn du gar nicht still sein willst, so soll dich was holen!« Kaum hatte sie es gesagt, wurde ihr das Kind aus den Händen gerissen und war verschwunden. Die erschrockene Frau weckte gleich alle Hausleute, sie suchten überall und streiften den Wald ab, das Kind fanden sie nicht. Nur meinten sie, von fern ein Schreien gehört zu haben.

## Vom Flachsspinnen

In der Gegend um den Wilden Kaiser wurde früher Flachs angebaut. In den Raunächten durfte der Flachs nicht zu Garn versponnen werden. Damit sich die Bauern auch an das Arbeitsverbot hielten, erzählten die Ehhalten, also das Gesinde, gerne die folgende Sage:

Wer an einem Rauchabend spinnt, stirbt bald. Die Percht spricht nur ihr Sprüchl und der Betreffende stirbt eines unerklärlichen Todes.

*a lebte im Brixental eine Spinnerin, die ihr Brot im Winter durch das Flachsspinnen bei den Bauern erwarb. Ein Bauer bedrängte sie, am letzten Raunachtabend zu spinnen. Sie ließ sich überreden und trieb das Spinnrad, bis die Uhr Mitternacht schlug. Müde von der Arbeit, aber gesund, ging sie schlafen. Am Morgen lag sie tot im Bett. Dem Bauern aber, der die Arbeit angeschafft hatte, sind übers Jahr alle Haare ausgefallen.*

## Die schöne Percht

*inst begegnete ein guter, edel gesinnter Jüngling in der Heilig-Dreikönig-Nacht einer Frau, die sehr schön und freundlich war, aber eine lange Nase hatte. Auf dieser Nase saß ein Heuschreck, der fröhlich vor sich hinzirpte. Es war die Frau Percht, welche ein kleines Wäglein mit sich zog, auf dem allerlei bunte und schöne Sachen lagen. Sie hielt den Jüngling an, fragte ihn, wohin er ginge und sagte dann:*

*»Hätte ich dich in dieser Nacht auf einem schlechten Weg ertappt und hättest du Böses im Sinn, so würd ich dir den Leib aufschlitzen, ihn mit Sägspänen und Häckerling ausfüllen und dann mit Nadel und Zwirn wieder zusammennähen. Weil du aber ein*

*guter und braver Mensch bist, sollst du mir eine Bitte erfüllen: Du sollst zu meinem Wäglein einen Holznagel schneiden, denn es fehlt da einer, genau in der Mitte. Doch sollst du dazu ein großes Stück Holz nehmen, damit du recht viele Späne bekommst, die du jedoch alle einstecken musst. Wenn du auch nur einen verlörest, würde es dich hintennach gewiss sehr reuen!«*

*Also tat der Jüngling, wie ihm die Frau Percht befohlen hatte. Er nahm ein großes Stück Holz und schnitzte daraus einen kräftigen Nagel, den er mit Bedacht in das Wägelchen der Frau Percht trieb, damit alles wieder gut zusammengefügt war. Die Percht war sehr zufrieden, weil er sich so geschickt angestellt hatte. Die Späne aber tat er alle in seine Taschen, und als er diese zu Hause umwendete, fand er sie gefüllt mit funkelnden Talern und Dukaten.*

## Das Haar des Bauern

in Bauer von Westendorf ging in der Perchtnacht hinunter ins Dorf, um den Schmied zu bezahlen. Auf dem Wege begegnete ihm die Percht, riss ihm die Haare aus und sagte: »Nächstes Jahr wieder zruck!«

*Der Schmied staunte nicht schlecht, als das Haupt des Bauern ohne Haare glänzte wie der Wintervollmond. Er riet ihm aber, übers Jahr denselben Weg zur selben Zeit wieder zu gehen.*

*Der Bauer befolgte den Rat: Übers Jahr zur selben Stunde ging er abermals diesen Weg, die Percht begegnete ihm auch wieder und pflanzte ihm das Haar zurück auf den Kopf. Dieser Bauer wurde sehr alt, trotzdem blieb ihm das Haar dicht, fest und schön erhalten und wurde nie grau.*

## Das vergessene Schneidmesser

 u Dreikönig reisen die Heiligen Drei Könige *mit ihrem Hofstaat durch das Land.*

Da kann es sein, dass sie auf der Tenne Rast halten, um dort zu tanzen. Deshalb trug ein Bauer in Königswiesen seinem Knecht am Vortag auf, die Tenne sauber abzuräumen und das Messer vom Schneidstock zu nehmen.

Der Knecht vergaß es, in der Nacht fiel es ihm aber ein und er hielt Nachschau. Zu seinem Schreck fand er das Schneidmesser voller Blut, das sich nicht abwischen ließ. Auch die Pfosten darunter waren blutig und ließen sich nicht säubern, ebenso wenig ließen sie sich zerhacken oder zersägen, erst Feuer vernichtete sie.

Nicht lange danach verletzte sich der Knecht tödlich mit dem Futtermesser.

# DIE HEILING DREIKINI[26]

*Die Heiling Dreikini mit ihrigen Stern*
*Die wolln wir besingen, ihr Frauen und Herrn.*
*Der Stern, der gab allen den Scheine*
*Ein neues Jahr geht uns hereine.*

*Sie zogen vorbei am Herodes sein Haus,*
*Da schaut der Kalfakter zum Guckfenster raus:*
*Herein ihr Zigeuner, hereine!*
*Da verliert der Stern seine Scheine*

*Herodes hofiert sie mit Branntwein und Bier*
*Sie sprachen: »Wir suchen das Kiniglein hier!*
*Das Kiniglein ist uns geboren*
*Sonst wird uns der Teifel all holen.«*

*Herodes zürnt zorniglich über das Ding*
*Und draht mit de Finger dreimal sein Protzring.*
*Er schickt glei um Schergen und Schandarmen*
*Bei seinem Palast laufns zsammen!*

*So wia die Dreikini zum Falltor san draus*
*Schaut wieder der Stern aus de Wolkn heraus.*
*Er führt sie hinab auf das Mösl,*
*Ins Kripperl zum Ochs und zum Esel.*

*Sie hören das Gloria excelsis darin*
*Und san eahna mächtig vui Engel daschien.*
*Maria legts Kindl in d'Wiagn*
*Da Josef verscheucht eahm die Fliagn.*

---

[26] Nach *Das leibhaftige Liederbuch*, Wolfenbüttel 1938

## DER PISTENRAUPENFAHRER

in Pistenraupenfahrer aus dem Riesenfernergebirge präparierte einst in der feisten Raunacht das Gelände einer dortigen Skipiste. Als er um Mitternacht eine Pause einlegte und sich ein Stück Speck zur Jausen abschnitt, erhob sich plötzlich ein schauriges Stöhnen und Winseln. Voran zog die Perchtmutter quer über den Hang, klagend folgten ihr in langem Zug die ungetauften Kinder. Als die Reihe der kleinen Wesen schon vorüber war, kam ein Kind jammernd hinterher. Es hatte ein zu langes Hemdchen an und trat sich fortwährend darauf.

»Lauf kloans Waukerl, lauf!«, rief der Pistenraupenfahrer aus dem geöffneten Seitenfenster. »Magst eahna net hinterherlaufen?« und warf ihm einen Fetzen vom Speck und einen Apfelschnitz zu.

Das Kind jubelte: »Vergelts Gott, jetzt hob i endlich auch an Namen, Waukerl, und jetzt brauch i nimmer mehr mitgehn.«

Seit dieser Begebenheit gilt das Gebiet ringsum den Riesenferner als außergewöhnlich schneesicher.

## DAS KASERMANDL

och oben auf der Umbruckler Alm wohnte bis vor wenigen Jahren ein Kasermandl. Das Kasermandl ist ein kleiner Berggeist, der versteckt hinter dem schweren, schwarzen Eisenpfandl haust, welches dort über der offenen Feuerstelle hängt. Seinen Namen hat es vom Kaser, denn so heißen die Almen, auf denen Käse hergestellt wird. Dort oben war es dem alten Senner jahrelang ein guter und treuer Gehilfe.

Doch das Kasermandl trieb auch allerhand Schabernack: Jedem Almbesucher kochte es zuerst freundlich ein Mus, ein einfaches Pfannengericht aus Mehl, Wasser und etwas Butterschmalz, manchmal mit einer Handvoll Waldbeeren gesüßt. Wenn der Gast sich dann über das Mahl hermachte, warf ihm das Kasermandl aus reinem Übermut eine Handvoll Ruß ins Gesicht, der sich oft erst nach Wochen wieder abwaschen ließ. Davon erzählt auch das Lied vom Kasermandl.

Trotzdem – das Kasermandl war dem Kaser ein fast unersetzbarer Gehilfe bei der Käseherstellung, denn es trieb furchtlos die Kühe auf die besten Weiden der Alm, konnte am Geruch der Milch erkennen, welche würzigen Bergkräuter darin enthalten waren und ohne Fehler von außen beurteilen, welcher Käselaib sich gerade im besten Reifezustand befand.

So war das Kasermandl ein willkommener Mitbewohner und jeder Senner war froh, einen so tüchtigen Helfer auf seiner Alm zu haben. Die kleinen Unsitten des Wesens, wie das gelegentliche »Rußwerfen«, nahm er dabei billigend in Kauf. Ein guter Senner versuchte, mit seinem Kasermandl so gut es ging zu hausen, versorgte es beim Kasen mit einer Handvoll Frischkäse, den er ihm in sein blitzsauberes Tongefäß einfüllte. So waren beide zufrieden – der Kaser und sein Kasermandl.

Auf der Umbrückler Alm wurde vor ein paar Jahren der alte Senn zu gebrechlich, um noch einmal den Sommer über auf die

*Alm zu gehen, die Kühe zu melken und Käse herzustellen. So suchten die Bauern im Tal für ihn einen Nachfolger. Es wurde auch einer gefunden, ein bärenstarker, aber recht grober Kerl, der keinem Streit aus dem Weg ging und den man im Dorf auch recht gerne weit oben auf der Alm und möglichst selten unten im Tal sah.*

*So trieb dieser im Frühsommer mit den Bauern das Vieh auf die Alm, richtete seine Vorräte ein und eröffnete das almerische Sommerleben. Nach drei Tagen, als der neue Senner zum ersten Mal ein Feuer anheizte, um den Käse zu rühren, da kam auch das Kasermandl vom langen Winter ausgehungert mit seinem blitzsauberen Tongeschirr hinter dem Eisenpfandl hervor, rieb sich die Augen vom Winterschlaf und rief mit seiner heiseren Stimme: »Kas, Kas, Kas, do eini mitm Kas!« Hungrig deutete es auf sein leeres Tongeschirr.*

*Der Kaser aber erwiderte grob: »Schleich dich, greislicher Ratz, mei Ruah will i ham« und setzte zu einem Tritt an. Schnell versteckte sich das Kasermandl wieder hinter seinem Eisenpfandl.*

*»Bischt neu da herobn?«, fragte das Kasermandl.*

*»Geht dich einen Dreck an!«, erwiderte der Lackl.*

*Das Kasermandl beobachtete – durch das Eisenpfandl wie durch eine Ritterrüstung geschützt – das veränderte Geschehen auf der Alm. Nach einer Zeit begann es aus seinem sicheren Versteck heraus noch einmal freundlich zu bitten: »Kas, Kas, sei so guat, gib mir an Kas, dann koch i dir a Mus und schau dir aufs Viech, den ganzen Sommer lang.«*

*Der neue Kaser aber erwiderte grob: »I komm allein zurecht und brauch di nit« und spuckte zum Eisenpfandl hinüber. Das Kasermandl ließ wieder eine Zeit verstreichen, kletterte dann vorsichtig über das Pfannengestell an der Wand herunter, zupfte den jungen Kaser bittend an seiner blauen Arbeitslatzhose und rief so schmeichelnd wie möglich: »Kas, Kas, bittschön an Kas, und samma doch guat mitanand.«*

*Eine kleine Handvoll Käse hätte genügt und der Friede auf der Alm wäre gerettet gewesen, aber der grobe Kerl packte das*

*Kasermandl, brüllte lauthals: »Du brauchst net glauben, dass du mich den ganzen Sommer über nerven kannst. Da hast dein Kas!«*

*Voller Jähzorn warf er das Kasermandl in den kupfernen Kessel, in dem sich gerade die Molke vom Weißkäse trennte. Das Kasermandl versuchte noch, sich durch Schwimmbewegungen aus dem Gemenge zu retten, und kletterte auf einen Frischkäseberg, der wie eine Eisscholle auf der Molke trieb. Der böse Kaser jedoch drückte es immer wieder hinunter, so lange, bis es nicht mehr auftauchte. Dann presste er den Frischkäse im Leinentuch aus und legte den schneeweißen Brei in die runde Form, wo er langsam zum Bergkäse heranreifen sollte.*

*Der Almsommer ging vorüber und das Kasermandl ward nicht mehr gesehen. Die großen Käselaibe wurden ins Tal verbracht, nach dem Almabtrieb im September kündigte der neue Senn und wanderte irgendwohin aus, vielleicht nach Grobianien.*

*Der Herbst verging und der Winter zog ins Tal. Die ersten Skifahrer trafen ein und der Wirt vom Sporthotel »Schneekristall« veranstaltete für seine Gäste ein Fondue-Essen.*

*Dieses fand in der* Perchtnacht, *der letzten Raunacht, statt, mitten in der urigen, holzgetäfelten Skialm im Untergeschoß des komfortablen Hotels. Die Gäste, von einem Tag Bewegung auf der Piste ausgehungert, saßen erwartungsvoll um die runden Tische mit den Fonduetöpfen in der Mitte. Jeder hatte sein »Gäbeli« bei sich und auch die Brot- und Birnenstücke, und im »Kacheli« schmolz gerade der Käse, dem noch ein Schuss guter »Pflümli«, ein Zwetschgenschnaps, beigegeben wurde.*

*Der Käse schmolz langsam vor sich hin und blubbernde Blasen zersprangen schmatzend an der Oberfläche. Da bat einer der Gäste um Ruhe, denn er vermeinte, aus eben diesen Blasen, heisere Laute und Sprachfetzen zu vernehmen. Alle am Tisch richteten verwundert ihre Ohren auf den Fonduetopf, und tatsächlich – aus den Blasen erklang es heiser wie: »Saukerl grober, Geizhals elendiger!« oder »Hier ischt kein Bleiben länger mehr!«*

*Die fröhliche Runde schüttelte erstaunt die Köpfe, trotzdem begannen alle, die Weißbrotstücke auf die spitzen Fonduegabeln zu stecken und in den geschmolzenen Bergkäse zu tauchen.*

*Da begann sich der Käse plötzlich eigenartig zu formen, er hob sich in der Mitte, etwas Kopfähnliches tauchte auf, der Käse bekam zwei Hände, die sich am Rand des Fonduetopfes festhielten und einen kleinen Körper: Niemand anderes als das Kasermandl war es, das über ein halbes Jahr im Käselaib überlebt hatte und durch die Wärme des Schmelzvorganges daraus befreit wurde. Da es aber über und über mit geschmolzenem Käse bedeckt war, sah es aus, als bestünde sein kleiner Leib ausschließlich aus dem gelben, zähflüssigen und fadenziehenden Milchprodukt.*

*Sofort begann es lauthals zu schimpfen: »Machts des Feuer aus, is viel z'hoaß«, rief es und tanzte abwechselnd auf einem Fuß im Käsetopf hin und her.*

*»Was ist denn das?«, riefen die Gäste. »Das ist ja köstlich«, denn sie hielten das Ganze für einen glänzend gemachten Gag, eine gelungene Animation.*

*Beim Wort »Animation« blickten sogar ein paar Teenager kurz von ihren Displays auf. »As Feuer aus, Kreuzteufel noch amol!«, rief das Kasermandl zornig.*

*»Was es hier nicht alles gibt«, riefen die Gäste erstaunt, auch an den Nachbartischen waren viele von ihnen aufgestanden und richteten neugierige Blicke herüber. Eine Frau aus der benachbarten Tischrunde nahm ihre Fonduegabel und piekste das Mandl: »Du bist ja ne lecker süße Kerlchen, dich nehm ich doch gleich mit.«*

*Aber das Kasermandl riss ihr die spitze Gabel aus der Hand und versenkte sie unter sich im Käse.*

*»Ganz schön frech, das Bengelchen!«, rief die Dame und das Kasermandl heulte: »Sofort as Feuer aus!«*

*Ein Kind vom Nachbartisch schrie: »Ich will auch so eins, sonst esse ich nicht mehr weiter!« Ein paar andere Gäste drängten mit ihren Kameras zum Tisch, Kinder schoben sich nach vorne, ein Pekinese fing wie wild an zu knurren und versteckte sich unter der Bank.*

»Dat Männecken hat wahrscheinlich Durst!«, rief ein wohlbeleibter Herr, nahm eine Flasche Pflümli und goss den Kasermandl eine Ladung davon über den Kopf. »Aufhörn, des brennt und is viel z'scharf!«, brüllte das Kasermandl und rieb sich die Augen. Es war ja keinerlei Alkohol gewöhnt, der Schnaps brannte höllisch und stieg ihm sofort in den Kopf.

Der Fondue-Abend geriet nun ganz außer Kontrolle: Von allen Seiten versuchten die Umstehenden, das Kasermandl mit den spitzen Fonduegabeln zu malträtieren, aber der kleine Wicht ließ sich nichts gefallen: Er wehrte sich nach Kräften, griff in den geschmolzenen Käsebrei und begann eine Handvoll Käse nach der anderen auf seine Peiniger zu werfen.

Sogar die Teenager waren jetzt von diesem Spiel begeistert, warfen ebenfalls mit Käse im Gastraum herum, einer »solariumgebräunten« älteren Dame lief der geschmolzene Käse ins Dekolleté, am Christbaum hingen bald mehr Käse- als Lamettafäden, der gelbe Baz seilte sich von Brillengläsern herab, verwickelte sich in Frisuren und verzierte die rustikalen Deckenlampen.

Der Kampf war in vollem Gange. Mit einem gezielten Wurf traf das Kasermandl das Objektiv des neuesten Smartphones, das ein junges Mädchen in den Händen hielt, um das Geschehen live an ihre Freundinnen zu posten. Dieses fiel sofort in Ohnmacht, dadurch verkeilte sich ihre Zunge in der Zahnspange und die Eltern brüllten verzweifelt nach dem Rettungshubschrauber. Das Kasermandl warf weiter wütend mit Käse um sich, bis der Fondue-Topf unter ihm leer war.

Weil das Kasermandl sich mit aller Kraft gewehrt hatte, einige Frisuren, diverse Abendkleider, eine Kamera und vieles mehr draufgegangen waren, schlug die lustige Stimmung in ein immer böser werdendes Murmeln um: Eine bewaffnete Kriegermacht von ungefähr zwanzig spitzen Fonduegabeln näherte sich drohend dem kleinen Kerl.

Das Kasermandl suchte verzweifelt nach einer Handvoll Ruß, aber seine Taschen waren leer. In seiner Angst griff es zum letzten Mittel: Blitzschnell drehte es sich herum, zog seine Hosen *herunter und hielt den Angreifern das blanke Hinterteil entgegen. Aus den Tiefen seines Gedärms entließ es den gewaltigsten Käsepfurz, den es entweichen lassen konnte! Es war ein Gasgemisch, in dem sich die stinkendsten Käsesorten der Welt zu einem Duftkonzentrat vereinigten, so übel riechend, dass es den Gästen die Mägen bis zum Kinn hochhob und sie binnen weniger Sekunden ins rettende Freie flohen.*

*Die Flammen des Spirituskochers verloschen langsam wegen des Sauerstoffmangels. Das vom Alkoholdampf betrunkene und vom Darmwind ermattete Kasermandl legte sich zurück ins »Kacheli« und schlief erschöpft ein. Es schlief so tief und fest, dass es nicht einmal merkte, wie sich langsam die Marei, die kleine Tochter vom Wirt, näherte. Sie hielt wegen des Geruchs den Atem an, servierte behutsam den Fondue-Topf ab und brachte ihn zurück in die Küche.*

*Draußen in der Küche aber arbeitete der alte Senner. Er half als Topfspüler aus, um seine bescheidene Rente ein wenig aufzubessern. Wegen seiner Schwerhörigkeit hatte er von den Vorfällen in der Skialm nichts mitbekommen, doch als Marei mit dem Fondue-Geschirr hereinkam, entdeckte er darin das schlafende Kasermandl. Behutsam stellte er das Kacheli in ein ruhiges Eck der Küche und deckte es mit einem Geschirrtuch zu. Er warf immer wieder einen Blick darauf, und als er mit dem Spülen fertig war, setzte er sich neben seinen alten Gefährten und Helfer und bewachte seinen schweren Schlaf, damit ihm ja nichts passierte.*

*Am nächsten Morgen erwachte das Kasermandl, sein Kopf schmerzte, als ob jemand mit hunderten von Fonduegabeln darin herumstocherte, es fühlte sich hundeelend, schämte sich und stöhnte zum Gottserbarmen. Der alte Senn, der neben dem Spülbecken eingenickt war, erwachte von den heiseren Klagelauten: »Kasermandl, mein Kasermandl, was ischt mit dir?«, fragte er voller Mitleid.*

*Da erzählte ihm das Kasermandl die ganze Geschichte, von dem groben Lackl, der ihn im Käsebottich ersäufen wollte, von seiner Wiederauferstehung im Fondue-Geschirr und von der ganzen Traurigkeit des Lebens, das ja nicht einmal ein Leben war, weil ein Kasermandl ja unsterblich ist, weswegen so etwas noch viel schlimmer ist, weil nicht einmal ein Ende des Jammertales abzusehen ist.*

*Als das Mandl grad im Selbstmitleid zerfloss, kam Signora Salecina, die italienische Putzfrau, herein, um das Lokal von der gestrigen Fondueorgie zu säubern. Entsetzt betrachtete sie die Käsebatzen an Stühlen, Tischen und Lampenschirmen. Dann aber erzählte ihr der alte Kaser, was passiert war und das Kasermandl, Senn und Marei halfen, die gestrigen Spuren zu tilgen.*

*Diese Reue versöhnte sogar die Signora. Als sie mit dem Aufräumen fertig war, machte sie drei starke Espressi, zwei normale und einen ganz kleinen, mit einem Schuss Zitrone, weil das gegen den Kater hilft. Marei bekam einen Kakao, und alle drei überlegten, wie man dem Kasermandl helfen könnte.*

*Plötzlich kam der Signora eine gute Idee.»Warten, ich werde machen«, rief sie und telefonierte mit ihrer besten Freundin, auf Italienisch natürlich. Die telefonierte mit ihrem Schwager, der mit seinem Sohn, der wiederum mit dem Cousin seiner Schwägerin und der Cousin mit dem Onkel seiner Nichte, also seinem Bruder. Und der Bruder rief bei der Signora auf dem Handy zurück und die erzählte ihm, was dem Kasermandl passiert war. Dieser Bruder war nämlich von Oberbayern nach Italien unterwegs und fuhr einen großen, glänzenden Edelstahl-Tanklastzug, auf dem stand breit: »Trasporto Latte«.*

*Mit diesem Milchtransporter befuhr er gerade die Autobahn, und als er mit der irgendwie verwandten Signora telefonierte, sagte er nur: »Si, pronto!« Er nahm die nächste Ausfahrt und machte den kleinen Umweg hinüber zum Sporthotel »Schneekristall«. Dort angekommen blieb er stehen und öffnete die Beifahrertür für den wartenden alten Senner, seine entfernte italienische Tante und Marei. Erst küsste er die Tante, dann verstand er gar nichts, doch dann nickte er zustimmend. Marei hob das Kasermandl vorsichtig auf den Beifahrersitz, der Lastzug rollte wieder an und die drei winkten dem Gefährt noch lange nach.*

*Luigi, so hieß der Transporterfahrer, ließ italienische Schlagermusik erklingen, sang laut mit und das Kasermandl vergaß darüber bald seinen schweren Kopf und seinen großen Schmerz. Sie fuhren über den Brennerpass, am Gardasee vorbei bis in die Reggio Emilia, zu einer kleinen Parmesanfabrik. Dort ließ Luigi die Milchladung abpumpen und brachte das Kasermandl zu seinem Onkel, der hier als Käsemeister arbeitete.*

*Der Käsemeister hatte schon so viel Gutes von den Kasermandln gehört, dass er vor Freude über die Begegnung die Hände zusammenschlug. Er ließ das Kasermandl auch sogleich vom Parmesan probieren und dieses war äußerst angetan von dem ihm unbekannten, würzigen Käse. »Du immer kannst hierbleiben!«, bot er ihm an. Das Kasermandl war bald einverstanden. »Ich dich nennen Formaggiolino, das kann ich besser merken als Kasermandl«, und das Kasermandl nickte zustimmend.*

*So wurde das Kasermandl zum Formaggiolino, es wurde ein unentbehrlicher Helfer beim Parmesanmachen, denn es konnte durch die harte Rinde hindurch sehen, ob ein sonnengelbes Käserad genau richtig in der Reife war. Außerdem roch es sofort, welche Milch am besten war, und die Fabrica erhielt bald einen Preis nach dem anderen für den hervorragenden Grana, den noch besseren Parmiggiano und all die anderen Käse.*

*Nur manchmal, wenn sich am Horizont die Berge abzeichnen und der Wind den würzigen Duft vom Berggras herüberweht, dann bekommt das Kasermandl Zeitlang[27] und wird traurig. Und dann beginnt es zu singen, und wenn es singt, dann hören alle Männer und Frauen in der weißgekachelten Formaggieria auf zu arbeiten, bewegen sich nicht und lauschen voll Ergriffenheit dem sehnsuchtsvollen Lied vom Kasermandl.*

---

[27] Altbairisch für Heimweh.

# IN DE BERG, WO DA WIND

*In de Berg, wo da Wind*
*Und as Wasser herkimmt*
*Wo da Regn obarinnt*
*Und as Zitrinerl[28] singt*
*Hoit da Woid an Berg zamm*
*Mit Millionen vo Arm*
*Mit Millionen vo Arm*
*Hoit da Woid an Berg zamm.*

*In de Berg, wo da Wind*
*Und as Wasser herkimmt*
*Wo da Regn obarinnt*
*Und die Nebelfrau winkt*
*Foit a Stoa aus der Wand*
*Liegt da Schnee auf da Hand*

---

[28] Zitronenzeisig, eine Art aus der Familie der Finken.

*Liegt da Schnee auf da Hand
Foit a Stoa aus der Wand.*

*Und da* Nork *hockt im Eck
Haut an Melkschammel weg
Auf da Goaß hockt die* Trud
*Rote Augn voller Glut
Und die* wilden Weiber
*Waschen weiße Leiberl
Hängans auf am Berg drobn
Leuchten hell in da Sonn.*

*In de Berg, wo da Wind
Und as Wasser herkimmt
Wo die Schneefrau sich zeigt
Und as Zitrinerl schweigt
Da gibt's Sachen zum schaun
De san fast ned zum glaubn
Die san aus und san gar
De san nix und san wahr.*

## HÜTTENBUCH, ZILLERTAL,
## 6. JANUAR 1984

Letzter Tag unserer Weihnachtsferien, Dreikönigstag, Abfahrt und Hütte aufräumen, Lebensmittel mäusesicher verstauen, Wasserleitung absperren und entleeren. Ein letzter Blick in den Stall und ums Haus. Zugegeben: Die Aussicht auf Zentralheizung, Fernseher und Badewanne zieht uns in die sogenannte Zivilisation zurück.

*eftiges Schneetreiben auf der Autobahn lässt die Fahrt zu einer Schlittenfahrt auf vier Rädern werden. Die Heizung des betagten Campingbusses kapituliert vor der Kälte. Eine dicke Eisschicht bildet sich auf der Innenseite der Windschutzscheibe. Mit der linken Hand muss man versuchen, ein Guckloch auf der Scheibe frei zu kratzen. Die rechte Hand bedient Lenkrad und Gangschaltung.*

*In Staufahrt gelangen wir zur Grenze, die Felsmassive des* Zahmen *und des* Wilden Kaisers *grüßen erhaben zum Abschied. Dahinter öffnet sich langsam das Inntal, dieser Fluss-Fjord, der sich von der Berninagruppe in den Zentralalpen bis zu Hochries und Breitenberg hinunterzieht, zur verschneiten Vorgebirgslandschaft.*

*Wegen des Staus fahren wir quer über Landl, Schliersee, zum Tegernsee. Dort, am Seeufer, liegt ein behäbiges Bräuhaus mit kräftiger Küche. Dort wollen wir den letzten Urlaubstag ausklingen lassen. Der See breitet sich zugefroren vor uns aus. Auf seinem Grunde ist nach einer Sage das* Rockadirl *zu Hause, eine Seehexe, von durchaus ansprechendem Äußeren, heißt es. Angeblich soll sie schon manchen Burschen in den See gelockt haben. Ob unter dem Wasserspiegel noch andere Bayerische Seeungeheuer ihr Unwesen treiben?*

*Schild Autobahnende. Schon saugt uns die Stadt wieder auf, ihr unerbittliches Metronom gibt wieder Takt und Tempo vor. Die Auszeit zwischen den Jahren ist vorüber. Zurück bleibt das Gefühl für eine andere Zeitebene, klingt etwas Ursprüngliches in uns nach. Es ist diese eigenartige Atempause, wenn das alte Jahr noch nicht zu Ende ist, das neue Jahr noch nicht begonnen hat, wo vieles anders und nie ganz erklärbar ist, die Zeit der Raunächte.*

# Weitere Bücher in der Reihe

Karl-Heinz Hummel:
## Wirtshaussagen zwischen Alpen und Donau

Dass ein Wirtshaus nicht nur ein Ort zum Ausschank meist alkoholhaltiger Getränke und zur Abgabe mehr oder weniger gut zubereiteter Speisen ist, sondern auch der Platz, wo Sagen, Geschichten, Lieder und Gedichte eine Heimat haben, wird in diesem Band eindrücklich klar. Unheimliche Gestalten, seltsame Truden, schaurige Hexen auf Ofenbänken, Geschichten über Mord und Totschlag, Geister und Gespenster, Untote und Teufelstänze – schaurig-schön gehts zu im Wirtshaus von München bis Brixen, vom Bayerischen Wald bis nach Wien.

Eine berauschende Sagensammlung rund um die Wirtshauskultur zwischen Alpen und Donau, zusammengestellt von Ernst-Hoferichter-Preisträger Karl-Heinz Hummel und illustriert von Bernd Wiedemann – ein grandios-skurriles Leseerlebnis.

*152 S., Paperback, ISBN 978-3-96233-103-0*

Karl-Heinz Hummel:
# Wassersagen aus Bayern

Der Erzähler staunt nicht schlecht, als er eines Nachts eine nackte Schönheit im Tegernsee schwimmen sieht. Zwischen den Pflanzen des Ufers versteckt, beobachtet er ganz verzaubert die mysteriöse Wasserfrau – doch etwas scheint nicht zu stimmen ...

Eine Reise in die Welt der Sagen und Legenden rund um die bayerischen Gewässer, in deren Tiefen und Untiefen sich recht Erstaunliches tummelt: scheußliche Seewürmer, gefährliche Riesenwaller, verspielte Wassernixen und hinterfotzige Wetterhexen, menschenhungrige Inseldrachen, adelige Unholde und versunkene Armeen. Unglaublich, was aus Starnberger und Waginger See emportaucht, aber auch aus den Fluten von Ammer-, König-, Walchen-, Staffel-, Chiem- und Alatsee, ganz zu schweigen aus Donau, Isar und Inn.

Eine aquadämonische Sagensammlung rund um die bayerischen Gewässer, zusammengestellt vom Ernst-HoferichterPreisträger Karl-Heinz Hummel und illustriert von Bernd Wiedemann – ein mysteriöses Leseerlebnis.

*144 S., Paperback, ISBN 978-3-96233-137-5*